V&R

Thomas Wörz / Egon Theiner

Erfolg durch Selbstmanagement

in Leistungssport und Berufsleben

Mit 20 Abbildungen

2. Auflage

Vandenhoeck & Ruprecht
in Göttingen

Die Deutsche Bibliothek – CIP-Einheitsaufnahme

Wörz, Thomas:
Erfolg durch Selbstmanagement in Leistungssport und Berufsleben /
Thomas Wörz / Egon Theiner. – 2. Aufl. –
Göttingen : Vandenhoeck & Ruprecht, 2001
ISBN 3-525-49001-1

2. Auflage 2001

Satz: Satzspiegel, Nörten-Hardenberg
Druck- und Bindearbeiten: Hubert & Co., Göttingen

Inhalt

1 Was haben der Sport und das Geschäftsleben gemeinsam?

>»Das Geschäftsleben ist ein
natürlicher Auswuchs des Spielens.«
Francis Ford Coppola

Wenn wir uns in diesem Buch an Sportler und ihre Trainer wie auch an Manager wenden, kann das zunächst verwundern. Die beiden Bereiche scheinen auf den ersten Blick keine oder doch kaum Berührungspunkte zu haben. Sieht man aber hinter die äußeren Erscheinens- und Verhaltensformen, dann lassen sich Prinzipien ausmachen, die beiden, dem Sport und der Wirtschaft, eigen sind: Leistung, Anstrengung, Erfolgsstreben, Wettbewerb, Kräftemessen, Motivation, die Freude am Funktionieren, sich ein Ziel setzen und es erreichen, Versagensängste, Sieg und Niederlage.

Beide sind sie Betätigungsfelder für eine erwachsene Form des Spielerischen. Wie das Kind im Spiel die Welt erfährt, seine Kräfte kennenlernt und seine Grenzen und dabei lustvoll erkundet, wie es seine Möglichkeiten steigern kann, so erlebt der Leistungssportler wie auch der Geschäftsmann einen Widerhall auf seine Anstrengungen: Das zeigt ihm seinen Platz und macht zugleich deutlich, daß er diesen Platz selbst verändern kann. In der Psychologie nen-

nen wir das Gefühl, das dabei entsteht und von Erfolg zu Erfolg gesteigert wird, *Funktionslust.*

Die Aktivitäten im Geschäftsleben oder beim sportlichen Training machen Freude, wenn die gewünschten Ergebnisse erreicht werden. Das gibt Antrieb für mehr Leistung, für noch höher gesteckte Ziele. Tritt jedoch eine Panne, ein »Versagen« ein, sind oft auch die folgenden Handlungen beeinträchtigt, wenn der Fehler nicht angemessen verarbeitet und integriert worden ist.

Wir legen hier ein Konzept für erfolgreiches Selbstmanagement vor, das als Anleitung für die Praxis in Sport und Business dient. Es setzt im Kopf, im Denken an, da von hier aus die Weichen für die Umsetzung in die Tat gestellt werden. Dies gilt für Wettkampfsportler, für Wirtschaftsunternehmer, Manager – und prinzipiell für alle Berufstätigen.

2 Das Ziel: Intuitiv das Richtige tun

Wer möchte das nicht? – Richtig handeln, ohne viel zu denken. Sich von Gefühlen, Instinkten, Intuitionen leiten lassen und wissen: Es ist der richtige Weg, die richtige Handlung, ich könnte jetzt nichts falsch machen. Unmöglich? Ein Wunschtraum? Ein Hirngespinst? Nein: Intuitiv das Richtige tun ist machbar!

Denn es gibt Handlungen, die rund, rhythmisch, fließend, eben leicht ablaufen und die gleichzeitig unheimlich viel Spaß machen, also keine Anstrengung bedeuten. Sie passieren einfach. Das kann im Sport so sein, das kann im Berufsleben, im Leben prinzipiell so sein. Dieses wunderbare Gefühl ist auch auf vermehrte Ausschüttung von Glückshormonen aus der Gruppe der Endorphine zurückzuführen. Wer dieses Gefühl, und damit diesen optimalen, tranceähnlichen Leistungszustand schon einmal erfahren hat, möchte dort unbedingt wieder anschließen. Es ist wie ein Rauschzustand, wie eine Droge. Dieses wunderbare Gefühl, in dem dann alle noch so schwere und aufreibende Arbeit so leicht und locker von der Hand geht, dieses äußerst angenehme Befinden möchte man am liebsten immer erleben, 24 Stunden am Tag, 365 Tage im Jahr. Das ist schön und gut und legitim: Aber sobald der Sportler, der Manager oder wer auch immer dieses Gefühl *erzwingen* will, ist die Wahrscheinlichkeit, diesen Zustand auch tatsächlich zu erreichen, in ganz weite Ferne gerückt.

Der Sportler oder die Berufstätige, jung wie alt, kann diesen Zustand also nur erreichen, wenn er oder sie lernt loszulassen und sich einfach auf die Handlungen freut. Bei dieser Freude steckt allerdings auch eine Gier dahinter, die Gier, in der Bewegung, in der Arbeit aufzugehen. Nicht das Ergebnis ist in diesem speziellen Augenblick wichtig, sondern der *Prozeß*. Spitzensportler berichten immer wieder, daß sie gar nicht aufhören wollten mit ihren Aktionen. Und wenn Sportler wie Manager nach erfolgreichen Handlungen befragt werden und nach ihren Erinnerungen danach, wird die Antwort meist auf die Beschreibung eines »Super-Gefühls« reduziert. Details während der Handlung werden quasi intuitiv und automatisiert ausgeführt und sind im Anschluß daran nicht immer rekonstruierbar. Warum soll man sich mit diesen Gedanken auch befassen? Die Gedanken unterstützen lediglich die Handlung, und diese erfolgt im Hier und Jetzt. Gedanken an mögliche Konsequenzen oder an frühere negative Erlebnisse werden keine verschwendet – weil die analytische Aktivität der linken Gehirnhälfte in dieser Phase von der gefühlsbetonten rechten überlagert ist.

Gefühlsbetont handeln, aber mit System

Aber Achtung: Gefühlsbetont handeln heißt nicht, daß der Sportler oder Manager ohne Strategie in die sportliche Aktion, in die Versammlung gehen wird oder soll. Muß der weltbeste Fußballer gedeckt werden, braucht man ein Konzept, eine Strategie. Aber im optimalen Leistungszustand, der gleichzeitig ein absoluter Glückszustand ist, wird der Fußballer nicht immerzu an seine Taktik denken. Die Handlung erfolgt laut Programm, aber intuitiv. Sie ist keine, wie sie ein Roboter ausführen würde, sondern sie läßt Sensibilität, Kreativität, Flexibilität der Gefühle und Bewegungen zu. Auf unterschiedliche Bedingungen muß variabel reagiert werden. Intuitiv wird im absoluten Glückszustand aber richtig reagiert: wenn beim Slalom beispielsweise der Schnee bricht, der Läufer den Schlag aber intuitiv aus der Bewegung heraus und ohne nachzudenken ausgleicht und seine Fahrt fortsetzt, als wäre nichts gewesen. Das ist Intuition mit richtigem, erfolgreichen Ausgang.

Was noch dazu gehört, um das absolute Glücksgefühl zu erreichen, ist *Selbstüberzeugung* – totale und immerwährende. Denn es kommt zu klar definierten Entscheidungen im Vorfeld der Aktion, die auch das Risiko des Scheiterns beinhalten. Lediglich mit felsenfester Überzeugung kann eine Handlung vollends durchgezogen werden. Dann arbeiten alle Sinne (muskuläre, optische, akustische, taktile) handlungsunterstützend, ihr Zusammenspiel ergibt das Glücksgefühl. Und daraus ergibt sich das Wissen, daß intuitiv das Richtige getan wird und daß es »gut ausgehen« wird und muß.

Das Ziel unseres Buches ist es, Spitzen- und Nachwuchssportlern, Managern, Jüngeren und Älteren, einen Leitfaden zu präsentieren, wie über Selbstmanagement der »Sollzustand« eines jeden Menschen eingeregelt werden kann – wie das absolute Glücksgefühl in den Handlungen erreicht, wie intuitiv das Richtige getan werden kann.

Wie unsere Gefühle zusammenspielen

Wir fühlen, was wir denken,
und verhalten uns, wie wir uns fühlen.

Es sind mehrere Ebenen, die unsere Gefühlswelt verursachen und beeinflussen. Diese müssen zusammenspielen, wenn der optimale Leistungszustand erreicht werden soll:

- Emotionsebene/kinästhetische Ebene
- Gedankenebene/Kognitionen
- Verhaltensebene/Motorik
- Spannungsebene/Erregungsniveau

Der optimale Leistungszustand ist eine Vermengung, ein Konglomerat der Empfindungen. Wir unterscheiden mehrere Gruppen von Emotionen, wie beispielsweise Wut, Trauer, Interesse, Freude und Angst. Es ist für die Forschung interessant zu erkennen, welche Mischformen der Gefühle es gibt. Der Zustand optimaler Leistung wird dabei häufig zwischen den Polen Angst und Gleichgültigkeit angesiedelt.

Gefühle sind eng verbunden mit Kognitionen; dies sind Gedanken, Bewertungen, die wiederum stark beeinflußt sind von Erfahrungen, Erziehung und kulturellem Hintergrund. Diese Wahrnehmungen werden vor allem durch die Mimik ausgedrückt und somit für die mitmenschliche Umwelt verständlich gemacht.

Der kinästhetische Sinn gibt uns Aufschluß über das Bewegungsgefühl. Er ist für die Feinabstimmung körperlicher Abläufe zuständig und reguliert somit den Bewegungsfluß. Gelungene Bewegungsabläufe können primär aufgrund des Bewegungsgefühls und der damit verbundenen Emotionen wiedererinnert werden.

Diese Abbildung soll das Zusammenspiel der Ebenen verdeutlichen.

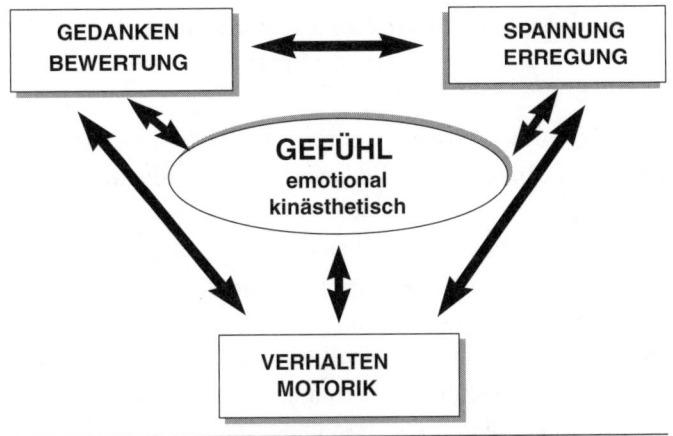

Abbildung 1: Zusammenspiel der Ebenen

Von jeder dieser vier Ebenen gehen Einflüsse auf die anderen Ebenen aus. Für das Erreichen des optimalen Leistungszustands müssen alle zusammenspielen. Dann befindet man sich in einem harmonischen System. Agonisten und Antagonisten sind fein abgestimmt, arbeiten ökonomisch und effizient. Der Sportler oder der Manager kann auf jeder dieser Ebenen den Zugang zum optimalen Leistungszustand finden. Gelingt der Zugang, schalten sich alle anderen Ebenen dazu. Genauso leicht kann der Athlet oder der Geschäftsmann aus dem System herausgeworfen werden. Wenn er nämlich zu denken beginnt und sich sagt: Ich darf jetzt ja keinen Fehler machen.

In diesem Fall steigt die Spannung, der Akteur wird nervös und ängstlich, die Bewegungen/Handlungen werden unkoordiniert und eckig. Der Gesichtsausdruck ist versteinert. Es kann dann über die Mimik eine andere Stimmung erreicht werden, und das Lächeln von »außen nach innen« bringt meistens wieder Gelassenheit.

Der optimale Leistungszustand –
kein Zufallsprodukt

Durch zwei theoretische Ansätze wollen wir versuchen, das Entstehen des optimalen Leistungszustands zu erklären.

Das Homöostasemodell

Der optimale Leistungszustand tritt nur dann auf, wenn die Aufgabe im Bereich der Leistungsfähigkeit des Sportlers oder Managers liegt. Die Handlungsanforderungen der Situation müssen mit den Fähigkeiten der Person im Gleichgewicht stehen. Diese Homöostase bedeutet einen ständigen dynamischen Ausgleichsprozeß zwischen Leistungsfähigkeit und Anforderung. Dieses fließende Gleichgewicht tritt nur dann auf, wenn die angestrebten Ziele oder Teilziele erreichbar und attraktiv sind. Übersteigen die Anforderungen die eigenen Fähigkeiten, wird die daraus resultierende Spannung als Angst und Sorge erlebt.

Der motivationale Ansatz

Der optimale Leistungszustand tritt dann auf, wenn sich Menschen einem Erlebnis um des Zustands selbst willen hingeben und nicht wegen der damit verbundenen äußeren Belohnungen. Spitzenleistungen können nur erbracht werden, wenn der Sportler Freude und Spaß am Ausüben seiner Sportart empfindet und von innen, also intrinsisch, motiviert ist.

Gleichgültig, welche Erklärung bevorzugt wird: Der Sportler wie der Manager sollte sich in beiden Fällen überlegen, welchen Spannungszustand, welches Maß an Nervosität er benötigt, um Höchstleistungen zu erbringen. Welche Gedanken und Erinnerungen ihn aufbauen und motivieren. Welcher Vor-Ermüdungszustand (Herzfrequenz u. a.) gute Voraussetzungen für persönliche Spitzenleistungen sind. Viele Sportler benötigen zudem Gefühle der Neugier, des Abenteuers, von Lust und Spaß und der Freude sowie der Kampfbereitschaft, um erfolgreich sein zu können. Welche Verhaltensweisen und Gedanken fördern nun dieses Gefühl? Mit dieser Frage sollten sich erfolgreiche Sportler ebenso wie erfolgreiche Manager auseinandersetzen.

3 Ein Treibstoff namens Motivation

Der Begriff Motivation kommt von »motus« (lateinisch: Bewegung) und kann mit jener Energie gleichgesetzt werden, die eine Person zur Verfügung hat, um bestimmte Ziele zu erreichen (vgl. Birkenbihl 1997). Das Ziel kann für den Sportler der Saisonhöhepunkt sein, für den Geschäftsmann eine wichtige Konferenz. Für beide Fälle gilt: Motivation ist Voraussetzung für den Erfolg beim Wettkampf und auch, um den Konkurrenten in der Wirtschaft eine Nasenspitze voraus zu sein.

Was man über Motivation wissen sollte

Die Energie (Motivation), die für ein bestimmtes Verhalten benötigt wird, um ein gestecktes Ziel zu erreichen, wird angetrieben durch den Motor *Motiv* (Beweggrund). Dieser Motor wiederum wird entzündet durch ein *Defizit.*

Ein Beispiel kann das veranschaulichen: Ein Sportler leidet unter dem Mangel an Anerkennung, weil ihm in seiner Disziplin der Erfolg fehlt (Defizit). Der Motor »Hunger nach Erfolg« (Motiv) wird somit entzündet und ermöglicht ein

Abbildung 2: Motivation (a)

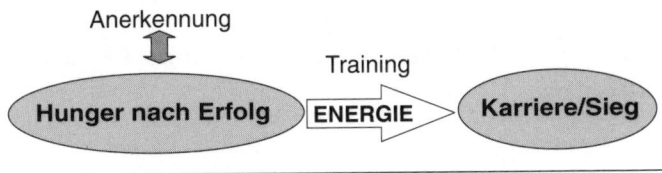

Abbildung 3: Motivation (b)

bestimmtes Verhalten, zum Beispiel Training. Auf diesem Weg besteht bei optimalem Training die Möglichkeit, das Ziel »Anerkennung« zu erreichen.

Folgende Faktoren wirken sich auf das Energieniveau aus:

• Persönlichkeit
• Attraktivität des Ziels bzw. der Aufgabenlösung
• Erfolgserwartung

Die Persönlichkeitsstruktur – etwa mit dem inneren Drang, Leistung zu erbringen als besonderes Merkmal – ist weitgehend angeboren. Die Attraktivität des Ziels oder der Aufgabe kann durch abwechslungsreiches Training und interessante Herausforderungen durch den Trainer oder Vorgesetzten beeinflußt werden. Die Erfolgserwartung wiederum ist abhängig von der Ausgewogenheit der eigenen Fähigkeiten im Verhältnis zu den gestellten Anforderungen und Aufgaben. Werden Menschen ständig in ihrem Beruf überfordert oder unterfordert, sinkt die Motivation.

Trainer und Vorgesetzte sind daher aufgerufen, abwechslungsreiche Reize und Herausforderungen zu schaffen. Dazu kommt noch, daß das Umfeld, der Freundeskreis, das Klima unter den Mitarbeitern keine unbedeutende Rolle beim Verwirklichen der Ziele spielt. Das Tun wird jedenfalls nur dann erfolgreich sein, wenn es auch Spaß macht. Ist die Leistungsorientierung stark ausgeprägt, dann sind genügend Energien vorhanden, um auch bei ungünstigen und monotonen Trainings- oder Arbeitsbedingungen eigenständig auf Ziele hinzuarbeiten.

Energie in falschen und richtigen Bahnen

Um die Energie zielorientiert einzusetzen, muß das Verhalten *effizient* sein. So kann unangemessenes Training beim hochmotivierten Sportler den Energiefluß vom Ziel weglenken. Aufgrund der Mühen und dem Engagement beim Training und des Nichterreichens des Ziels führt die fehlgeleitete

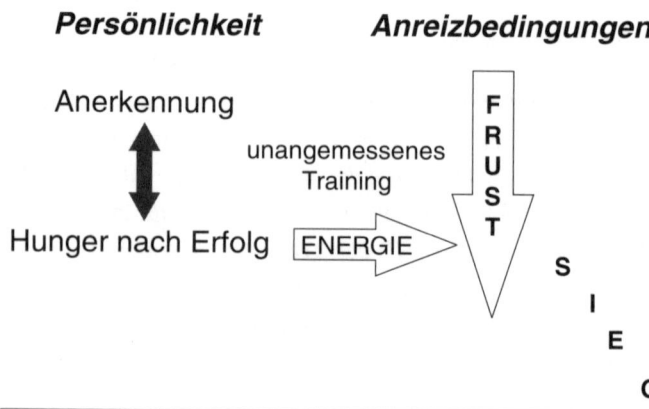

Abbildung 4: Motivation (c)

18

Energie zum Frust. Das große Potential der Energie wird nun als Ärger und Aggression frei.

Der Sportler muß lernen, mit Niederlagen umzugehen, seine Gedanken neu zu strukturieren und die Energie für neue Aufgaben positiv zu kanalisieren.

Wodurch der Energiefluß ermüdet wird

Störfaktoren beeinflussen den Strom der Energie. So sind beispielsweise hoher Erwartungsdruck, Versagensängste und irrationale Bewertungen motivationale Dämpfer. Veränderte äußere Bedingungen, etwa ein kurzfristig einspringender Verhandlungspartner, der einem von vornherein weniger sympathisch ist als der ursprünglich erwartete, oder ein Wetterumschwung in der Wettkampfsituation, können aufgrund unangebrachter Bewertungen Zweifel, Unbehagen und einen Verlust des Selbstwertgefühls hervorrufen. Daher ist es besonders wichtig, daß der Sportler und genauso der Manager in kritischen Situationen mit dem ihnen gegebenen mentalen Rüstzeug diese neuen Anforderungen in den Griff bekommen. Sie müssen lernen, sich gerade unter diesen schwierigen Umständen bewähren zu können. Schaffen sie es, vergrößert sich die Energie. Je größer diese Energie, um so größer auch das Selbstbewußtsein. Um zu wachsen, muß man sich mit Problemen konfrontieren. Unangenehme Situationen sind nicht zu meiden, sondern zu meistern.

Persönliches Management

Ziele müssen klar formuliert werden

Je klarer und realistischer ein Ziel formuliert ist, um so leichter und besser ist es, die Energie (Motivation) dafür aufzubringen, um mögliche Widerstände zu überwinden. Ziele müssen Schritt für Schritt erreicht werden können. Denn ist die Zielsetzung zu hoch oder gar unerreichbar, schwinden Interesse und Motivation.

☞ *Übung*

Ziele leben lernen: Um die Verwirklichung eines Ziels gedanklich zu unterstützen, können Sie sich vorstellen, wie es sein wird, wenn Sie es erreicht haben werden. Wenn Sie beispielsweise ein Haus planen, sollen Sie bereits gedanklich darin leben und sich detailliert vorstellen, wie es sein wird, wenn das Ziel realisiert ist. Wenn Sie an Gewicht abnehmen möchten, sollen Sie sich vorstellen, wie Sie aussehen werden, wie Sie sich bewegen werden und was sich in Ihrer Umgebung verändert haben wird, wenn Sie Ihr Traumgewicht erreicht haben. Erst wenn Sie sich dieses Ziel lebhaft vorstellen können, sind Sie auch innerlich bereit, Ihre mentale und zur Verwirklichung des Ziels erforderliche Einstellung zu verändern.

Die Verinnerlichung von Zielen über die Vorstellung unter Einbeziehung der Gefühlsebene ist wesentlich wirksamer als Vorhaben, die in Worte gekleidet sind, an die man aber noch nicht wirklich glaubt.

Um die Ziele, Erwartungen, Wünsche und Probleme des Sportlers verdeutlichen zu können, kann der Trainer dem Athleten die *Wunderfrage* stellen. Der Athlet schildert Probleme, die ihn an der Leistungsentfaltung behindern. Der Trainer stellt die Frage »Was wäre in deinem Leben anders, wenn ein Zauberer in der Nacht alle deine Probleme wegzaubern würde? Was würdest du dann anders machen? Wie würdest du dich beim Aufwärmen, beim Wettkampf fühlen? Wer würde merken, daß etwas geschehen ist in deinem Leben, und wie merkt man es?«

Damit wird festgehalten, welche Ziele ein Sportler hat und welcher Wettkampf- und Trainingszustand für ihn optimal wären. Wichtig ist es, auf den Ebenen der Gefühle, Gedanken, des Verhaltens, des Spannungsniveaus (Nervosität, körperliche Frische, Müdigkeit) sehr detailliert hinterfragt wird.

Wenn Etappenziele erreicht werden, bedarf es des Lobes und der Anerkennung – wenn nicht von außen, so vom Betroffenen für sich selbst.

Der eigene Energieförderer

Der Sportler wie der Manager muß lernen, sich selbst auf die Schulter zu klopfen und stolz zu sein auf das, was er erreicht hat. Das fördert die Eigenmotivation. Die Realität zeigt jedoch, daß Athleten sich eher unterbewerten als aufbauen.

In vielen Fällen beschimpfen und kritisieren sich Sportler wie auch Manager selbst. Diese Form der Bestrafung führt in extremen Konkurrenzsituationen häufig zur Aufgabe und läßt für zukünftige Ereignisse blockierende Ängste und Autoaggression entstehen. Das selbstbekräftigende Innengespräch (Lob, Anfeuerung) aktiviert hingegen den positiven Energiefluß. Sportler und Manager können aus einer solchen positiven Erfahrung für zukünftige Ereignisse Energie schöpfen, und die Wahrscheinlichkeit, daß positiv verstärkte gelungene Handlungen vermehrt auftreten werden, ist deutlich erhöht.

Wenn kritische Phasen auftreten, können positive Selbstgespräche darüber hinweghelfen. Erwiesen ist, daß zuerst das Selbstgespräch kippt, ehe die körperlichen Kräfte nachlassen. Deshalb muß bei den ersten Anzeichen von Energieverlust (Verzweiflung, negative Selbstgespräche) reagiert werden. Über das Selbstgespräch kann sich der Betroffene den Befehl geben, die Aufmerksamkeit auf etwas ganz Bestimmtes zu richten. Der Läufer konzentriert sich beispielsweise auf die Lockerung des Schultergürtels oder auf die Änderung der Schrittfrequenz. Das sind neue Aufgaben und schnell zu realisierende Teilziele. Beim Kampfsport hingegen kann sich der Judoka oder Karateka mehr auf sich selbst konzentrieren als sich mit dem Gegner abzugeben. Sportler beschreiben sich häufig als Beobachter des Gegners und verlieren dabei die Konzentration; der Wettkampf nimmt damit den falschen Verlauf. Ziel ist es daher, sich auf die eigenen Stärken zu konzentrieren und sich innerlich anzufeuern.

☞ *Übung*

Sie haben persönliche Stärken, aber allzu oft vergessen Sie sie. Deshalb sollten Sie sich Ihnen eigene Pluspunkte auf kleinen Zetteln notieren. Immer dann, wenn Sie sich, sei es als Sportler oder Manager, unmotiviert fühlen, sollten Sie sich einen aus dieser Sammlung herausnehmen und sich an diese Stärke erinnern. Sie lesen etwas, was Sie ohnehin wissen – und erzielen dadurch einen doppelt positiven Effekt.

☞ *Übung*

Sie sollten sich ein Wort überlegen, das Sie nur dann gebrauchen werden, wenn Sie nochmals alle Leistungsreserven mobilisieren wollen. Einen »Turbo« sozusagen, der Ihnen den Sprung über die Mobilisationsschwelle ermöglicht. Dieses selbstbekräftigende Wort, zum Beispiel »POWER«, ist mental ungeheuer motivierend.

Leistungsfähigkeit

Reserven durch Mentales Training

Mobilisationsschwelle

Konditions-, Koordinationstraining, trainingsbegleitende Maßnahmen ...

BASIS

Abbildung 5:
Mobilisationsschwelle

Freude und Spaß als Energieförderer

Während Angst die Energie vom Ziel ablenkt, setzt die Freude am Wettkampf zusätzliche positive frei. Die Motivation ist stark abhängig von der Einstellung des Athleten. So soll sich der Sportler oder der Manager bewußt machen, daß er diese Disziplin gern ausübt beziehungsweise die Aufgaben gern in Angriff nimmt, daß er in der Bewegung beziehungs-

23

weise Arbeit aufgeht, daß der Wettbewerb eine *Entfaltungs-möglichkeit* für den zuvor bewiesenen Fleiß darstellt.

☞ *Übung*

Notieren Sie auf einem Blatt fünf Gründe, warum Sie Ihre Sportart, Ihre Managementtätigkeit lieben und attraktiv finden. Im Anschluß daran schließen Sie die Augen, und versuchen Sie, jeden dieser fünf Bereiche zu verinnerlichen, indem Sie das entstehende positive Gefühl bewußt wahrnehmen. Die freiwerdende Energie (Freude, Motivation) bringt Sie zu Ihrem Ziel.

Der Trainer als Energieförderer

Sportler können durch Belohnung oder Bestrafung motiviert beziehungsweise demotiviert werden. Beide Varianten können ihren Zweck erfüllen, genauso wie sie ihn auch verfehlen können. Grundsätzlich gilt folgende Regel: *Positive Verstärkungen, wie Lob und Anerkennung, bewirken, daß das erwünschte Verhalten vermehrt auftritt.* Der Trainer sollte sich bewußt darüber sein, welche Verstärker (Belohnungen) den Sportler motivieren und Energie freisetzen, um ein bestimmtes Ziel zu erreichen. Der Trainer muß sich dabei im klaren sein, daß diese Vorgangsweise auch Kenntnisse über den Sportler voraussetzt und zusätzlichen (Zeit-)Aufwand bedeuten. Es soll bedacht werden, daß zu viele positive Verstärker die Eigenmotivation des Sportlers einschränken. Verstärker sollten daher intermittierend, also von Zeit zu Zeit, und nicht regelmäßig eingesetzt werden. Der Trainer sollte bei seiner positiven Kritik ganz konkret wiedergeben, was

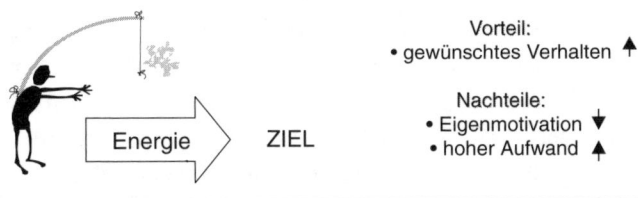

Vorteil:
• gewünschtes Verhalten ↑

Nachteile:
• Eigenmotivation ↓
• hoher Aufwand ↑

Abbildung 6: Motivation durch Belohnung

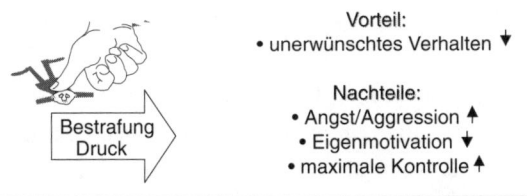

Vorteil:
• unerwünschtes Verhalten ↓

Nachteile:
• Angst/Aggression ↑
• Eigenmotivation ↓
• maximale Kontrolle ↑

Abbildung 7: Auswirkung von Bestrafung

der Sportler besonders gut gemacht hat, und sollte möglichst Pauschallob vermeiden.

Bestrafung und äußerer Druck, sollen bewirken, daß unerwünschtes Verhalten reduziert auftritt. Pauschalverurteilungen, Drohungen und so weiter erhöhen das Spannungsniveau. Angst entsteht. Durch großen Druck und Androhung von Strafe lernt der Sportler zwar, unerwünschte Handlungen zu vermeiden; dies führt aber häufig zu Angstgefühlen und zur Befürchtung, in einer unangenehmen Situation zu versagen. Die Unsicherheit, beim nächsten Mal zu enttäuschen und bestraft zu werden (beispielsweise durch Liebesentzug), kann aber auch zu Aggressionen anderer gegenüber führen. Diese Aggressionen entwickeln sich häufig zu Kettenreaktionen: Der Chef beklagt sich am Arbeitsplatz bei einem Angestellten und kanzelt ihn ab, dieser beschimpft seine Sekretärin, diese gibt den Frust daheim an ihr Kind weiter, und dieses mißhandelt die Katze. Den letzten beißen eben immer die Hunde.

25

Trainer, die hohen Druck und/oder Bestrafung ausüben, müssen zumeist auch maximale Kontrolle aufwenden, um den Athleten überhaupt noch zu motivieren, denn dessen Eigenmotivation sinkt sukzessive. Früher oder später werden demotivierte Sportler ihr Arbeitsgerät an den Nagel hängen und den Leistungssport beenden.

Wie kann der Nachwuchstrainer motivieren?

Junge Sportler neigen häufig dazu, ihre Betätigungsfelder (Verein, Trainingsgruppe) zu verlassen, wenn das Leistungsmotiv zu schwach ausgeprägt ist. Daher ist es für den Betreuer besonders wichtig, das Training abwechslungsreich zu gestalten und auch den Freundeskreis des potentiellen Spitzensportlers nicht zu vernachlässigen. (Aus Erfahrung weiß man, daß viele Talente die Sportart wechseln, wenn sich ihre Freunde damit nicht mehr wohlfühlen.) Zu monotones Training kann einen innerlich motivierten Sportler abtöten – außer, er wird in die Planung seiner Übungen miteingebunden und als Partner behandelt. Der Trainer muß aber auch lernen zu akzeptieren, daß für viele Jugendliche der Leistungssport aufgrund ihrer Persönlichkeit nicht geeignet ist.

4 Dem Erwartungsdruck standhalten

Es sind sportliche Wettbewerbe und wichtige Verhandlungen, bei denen es um Pokale und Plaketten, Gewinne und Geschäfte, Achtung und Ansehen geht, die die Höhepunkte im Sport und Management darstellen. Wer sich diesen Herausforderungen stellt, sieht sich von Beginn an mit einem Hauptproblem konfrontiert: der Erwartung. Diese kann von den Akteuren als zu hoch eingestuft werden und wird damit zum *Erwartungsdruck*. Die interne Wirkung reicht dann von Aggressionen und Versagensängsten über Unsicherheit bis hin zur Lustlosigkeit. Verdrängungsgedanken werden erweckt, nur um den Wettbewerb irgendwie zu überstehen. Er wird nicht mehr als attraktiv eingestuft, immer noch wichtig zwar, verliert aber an Bedeutung und degeneriert zur Pflichtübung. In Gedanken ist der Sportler, oder der Manager, schon auf der Heimreise, hält sich mental schon in anderen Lebensbereichen auf. Der Akteur zieht sich gedanklich zurück oder tritt gar nicht mehr zu seinen Übungen an, auf die er so lange hintrainiert hat. Ausreden werden gesucht und in Verletzungen oder äußeren unbeeinflußbaren Umständen gefunden. Insbesondere psychosomatische Krankheiten sind die Folge dieser hohen Streßbelastung.

Wie Erwartungsdruck entsteht

Das zentrale Thema ist und bleibt die Angst, Erwartungen nicht erfüllen zu können. Dieser Erwartungsdruck führt nun zur Bewertung der Situation. Diese Bewertung kommt aufgrund bereits gemachter Erfahrungen zustande (z. B.: Wie haben sich bestimmte Personen in kritischen Situationen dem Sportler gegenüber verhalten?) sowie aufgrund von Erfahrungen, die bis in die Kindheit zurückgehen. Es haben sich Einstellungen entwickelt, die von der Familie mitgeprägt wurden; zusammen mit der eigenen Persönlichkeitsstruktur führen sie zu einem Regulationssystem, das jederzeit aktiviert werden kann und auf der Gefühlsebene Spuren hinterläßt.

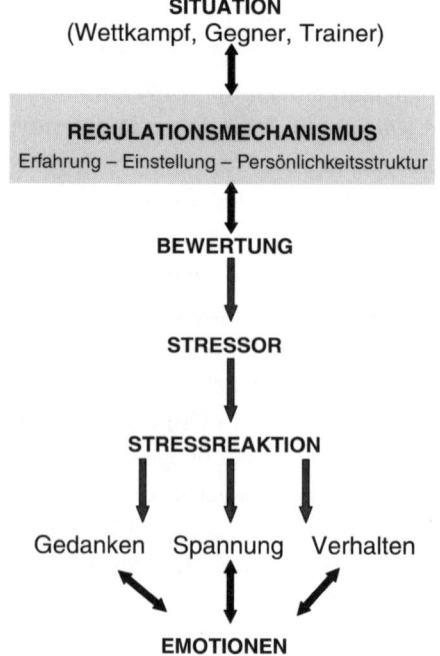

SITUATION
(Wettkampf, Gegner, Trainer)

REGULATIONSMECHANISMUS
Erfahrung – Einstellung – Persönlichkeitsstruktur

BEWERTUNG

STRESSOR

STRESSREAKTION

Gedanken   Spannung   Verhalten

EMOTIONEN

Abbildung 8:
Streßmodell

Das Streßmodell (s. Abb. 8) soll den Bewertungsprozeß verdeutlichen.

Als Situation wird ein Tennisturnier angenommen. Der Aktive wird gegen einen routinierteren Gegner, der in der Rangliste besser gereiht ist, ausgelost. Die gedankliche Bewertung, die über den Regulationsmechanismus gesteuert wird, lautet: »Ich habe noch jedesmal gegen einen Routinier verloren, da habe ich keine Chance.« Die Bewertung, die vom Regulationsmechanismus gesteuert wird, macht die Situation zum *Stressor.*

Dieser ist der Auslöser von Streßreaktionen. Er kann sich auf körperlicher Ebene (Puls, Blutdruck, Muskelanspannung, Atem) auswirken, ebenso auf gedanklicher Ebene (»Ich kann das nicht schaffen«) und auf der Verhaltensebene (hastige, verkrampfte Ausführung von Bewegungen, hohe Fehleranfälligkeit).

Diese Streßreaktionen führen zu internen Wirkungen. Steigen Druck und Spannung auf den Sportler weiter, können Lustlosigkeit und Rückzug die Folge sein. Der Athlet fürchtet sich vor dem Wettkampf und den damit verbundenen psychischen und physischen Belastungen – er überlegt den Rückzug. Dies muß sich nicht nur auf körperlicher Ebene vollziehen, sondern kann auch gedanklich geschehen. Der Sportler will sich der Herausforderung nicht mehr stellen und findet sich mental mit der Niederlage ab. Gerade diese Sportler geben aber oft von sich, daß entweder »alles paßt«, oder aber sie wollen auf diverse Konkurrenten gar nicht angesprochen werden – hier geht quasi ein Verdrängungsritual vor sich. Verdrängung bewirkt meist Angst und Unsicherheit sowie negative Emotionen, die unkontrollierbar werden.

Wie reguliere ich meine Gedanken?

Umbewertung negativer Gedanken

Jeder kann sich aus einem negativen Gedankenkreislauf befreien. Dies ist allerdings ein aufwendiger Akt, der sehr viel Selbstbeherrschung erfordert. Der Betroffene muß den Grübelkreislauf (s. Abb. 9) unterbrechen. Er muß die negativen Gedankengänge – Was denken die anderen? Ich bin ein Versager –, die ihn emotional immer mehr nach unten ziehen wie in einer Spirale, unterbrechen: Indem er innerlich STOP sagt, die Faust ballt und sie dann wieder leicht öffnet, indem er tief durchatmet und Schritt für Schritt versucht, sich mit positiven Gedanken wieder aufzubauen. Beim Tennisspieler könnten diese Gedanken lauten: Ab jetzt beginnt ein neues Spiel, es zählt immer nur der nächste Punkt, je länger das Match dauert, um so mehr kommt mir meine hervorragende Kondition zugute, ich lasse mir die Freude an meinem Sport nicht nehmen, die ausgeglichene Partie ist eine echte Herausforderung, die ich gern annehme.

Abbildung 9:
Grübelkreislauf

Wichtig ist bei diesem Gedanken-Stop, daß eingefahrene negative Denkmuster unterbrochen werden und durch positive ersetzt werden.

Situationen sachlich bewerten

Der Sportler sowie der Manager müssen sich darüber im klaren sein, daß das Verhalten und die Denkweise der Menschen schwer bis gar nicht veränderbar sind. So wird man nie in der Lage sein, einerseits den Personen in seinem Umfeld vorzuschreiben, wie sie sich zu verhalten haben, und es andererseits allen recht machen zu können. Man kann einzig und allein seine persönliche Bewertung des Verhaltens und der Denkweise anderer ändern. Dabei muß man bedenken, daß Menschen mit ihrem Verhalten in der Regel nicht verletzen wollen, sondern sich einfach nur so benehmen, wie sie es gelernt und auch vorgelebt bekommen haben. Man sollte sich bewußt sein, daß manche Menschen schimpfen und damit ungewollt verletzend sind, weil sie glauben, einen Motivationsbeitrag zu leisten.

Daher muß man lernen, Verhaltensweisen nicht (immer) persönlich zu nehmen. Häufig können irrationale Überzeugungen auf emotionaler Basis schwer zu schaffen machen. So muß man unbedingt lernen, sachlich zu bewerten und in weiterer Folge Gedanken, die negative Emotionen hervorrufen, durch positive ersetzen.

Das **A-B-C-Schema** nach Ellis (vgl. Walen et al. 1982) soll dies am Beispiel »Trainierverhalten« verdeutlichen.

A steht immer für eine Situation,

B für die Bewertung dieser Situation,

C für die Konsequenzen, die sich aus dieser Bewertung ergeben.

A	B	C
Ausgangssituation	*Bewertung*	*Konsequenz*
Der Trainer wendet sich nach einem verschlagenen Ball seines Schützlings ab.	Der Trainer hat mich aufgegeben, ich bin ein Versager, ich spiele wieder nicht so, wie er es möchte.	Der Druck auf den Spieler steigt weiter. Er ist enttäuscht, seine Leistung fällt, das Spiel wird mental abgeschrieben.

Da die Situation des sich abwendenden Trainers nicht beeinflußbar und nicht veränderbar ist, muß die Bewertung dieser Aktion geändert werden. Der Sportler, hat jetzt die Aufgabe, Gründe zu finden, warum sich der Trainer abgewandt hat, die nichts mit seinem Wert als Menschen zu tun haben. Wenn ihm dies gelingt, werden auch die daraus sich ergebenden Konsequenzen anders gelagert sein.

A	B	C
Ausgangssituation	*Bewertung*	*Konsequenz*
Der Trainer wendet sich nach einem verschlagenen Ball seines Schützlings ab.	Äußere Einflüsse können dafür ausschlaggebend gewesen sein, jemand hat ihm aus einer hinteren Reihe etwas zugerufen, er könnte die Bewegung des Sportlers imitiert haben, die Spannung des Spiels wird auch für den Trainer unerträglich, vielleicht möchte er am liebsten gar aufstehen; das Spiel muß wirklich spannend sein, wenn sogar der Trainer Emotionen zeigt. Das ist positiv, er lebt mit mir mit ...	Das Verhalten des Trainers ist von vielen Faktoren abhängig und hat nichts mit meiner Person zu tun. Ich kann seine Probleme nicht lösen. Ich verarbeite den Fehler und spiele ruhig weiter. Die Leistung wird dadurch nicht weiter beeinträchtigt.

Ein positives Umfeld schaffen

Ein Sportler, ein Manager kann nur erfolgreich sein, wenn er seinen Beruf oder sein Hobby mit Leib und Seele betreibt, also von innen heraus. Wichtig ist, daß sowohl der Sportler als auch der Manager immer wieder Freude am Ausüben seiner Tätigkeit gewinnt, und das gerade in jenen Bereichen, in die er die meiste Zeit investiert. Ziel ist, daß er seiner Sportart beziehungsweise seinem Beruf attraktive Seiten abgewinnen lernt. Er muß zur Einstellung finden, sein Bestes zu geben, gleichzeitig sich aber vor Augen halten, daß der Ausgang des Wettbewerbs oder der Konferenz immer ein bestimmtes Restrisiko beinhaltet, was wiederum das Leben spannend hält. Es gilt zu lernen, daß bei einem eventuellen negativen Resultat man als Mensch nicht weniger wert ist. Jeder sollte schätzen lernen, seinen Job überhaupt ausüben zu können. Auch dadurch wird notwendige Lockerheit gewonnen.

Das Gesamtsystem muß positiv geprägt sein. Der Akteur wird nur dann erfolgreich sein, wenn sein Umfeld in einem System steht, in dem hohe Akzeptanz und keine Spannungen herrschen. Wenn man bereit ist, vom Gegner etwas zu lernen, wird dieser plötzlich Mittel zum Zweck und wird in das Gesamtsystem integriert. Das gesamte Umfeld soll genutzt werden – und dazu gehört eben auch der Konkurrent.

☞ *Übung*

Suchen Sie Argumente, warum gerade dieser spezielle Wettkampf oder gerade diese Verhandlung für Sie sympathisch und wichtig ist. Verinnerlichen Sie die positiven Argumente, und lassen Sie das damit verbundene Gefühl wirken.

33

Wie reguliere ich mein Spannungsniveau?

Ist der Erwartungsdruck zu hoch, entsteht Angst. Sie blokkiert und verhindert ein positives Resultat. Also muß der Druck gesenkt werden. Andererseits könnte er auch zu niedrig sein. In diesem Fall muß sich der Akteur mit Selbstmotivierungstechniken aufstacheln und sich selbst den notwendigen Erwartungsdruck machen. Der Handelnde muß wissen, ob er Druck braucht oder nicht; er muß herausfinden, bei welchem Erregungsniveau sein optimaler Leistungszustand liegt.

Durch längeres Aufwärmen kann er sich »heiß« machen – oder aber zuviel Druck erzeugen. Ein schmaler Grat trennt Positives von Negativem, Sieg von Niederlage, Entspannung von Verkrampfung. Dieses wichtige Spannungsbarometer, auf dem man die »goldene Mitte« zu finden ist, fällt individuell verschieden aus; es fruchtet also nichts, bei Vorbildern, Teamkameraden oder Arbeitskollegen deren Vorbereitungstechniken quasi zu kopieren.

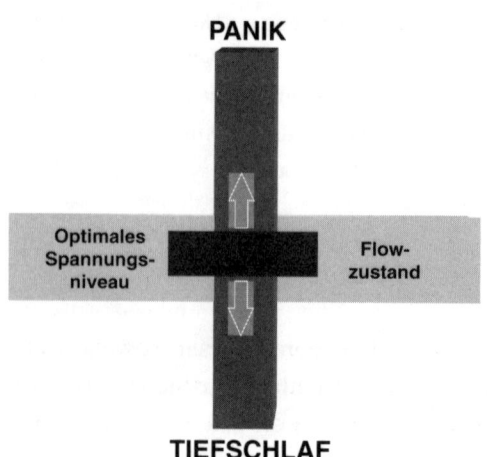

Abbildung 10:
Spannungsregler

Aktivierung

Wie oft geschieht es, daß man sich nicht aktiviert genug fühlt, daß man ein flaues Gefühl im Magen und keine rechte Lust auf die anstehende Herausforderung verspürt? Daß man zwar weiß, jetzt Höchstleistungen sportlicher oder argumentativer Art erbringen zu sollen, aber das Gefühl hat, es nicht zu können? Das Spannungsbarometer ist zu tief, und man läßt lethargisch geschehen, was zu geschehen hat – ohne es beeinflussen zu wollen.

In einer solchen Situation muß sich der Sportler oder der Manager selbst aufbauen. Die Aufmerksamkeit liegt auf der Atmung: Zwei, drei schnelle, aktive Atemzüge mobilisieren den gesamten Körper und versetzen das Spannungsniveau in einen optimaleren Bereich. Unterstützt werden sollte die Atmung mit positivem Selbstgespräch oder bekräftigenden Aussagen wie:»Ich bin ein Sieger« oder»Ich fühle mich stark und frisch«.

Entspannung

Entspannung ist gefragt, wenn das Spannungsbarometer zu hoch ist und in Richtung Panik zeigt. Zum Ausdruck kommt diese Nervosität meist durch unangebrachte Verhaltensweisen, etwa überreizte Reaktionen gegenüber dem Schiedsrichter, dem Trainer, den Teamkollegen, nervöses Auf- und Abgehen, am Sportgerät herumfummeln (Verhaltensebene). Diese Aktionen können von außen sehr gut beobachtet werden. Auf physiologischer Ebene drückt sich Nervosität zumeist durch überhöhte Herzfrequenz, Schwitzen, feuchte Hände, unzweckmäßig angespannte Muskulatur,»roter Kopf«, Ansteigen des Blutdrucks aus. Auf der Gedankenebene kann sich dieser Streß durch ängstliche Gedanken wie »ich glaube, ich schaffe es nicht«, »was passiert, wenn ich die anderen enttäusche?«, »ich darf nicht verlieren« verstärken.

Das Ruhebild

Entspannungsmethoden haben vor allem den Zweck, das Spannungsbarometer zu senken.

Als Technik hat sich dabei die Visualisierungsübung »Ruhebild« bewährt. Darunter versteht man das intensive und wirklichkeitsgetreue Vorstellen einer erholsamen Situation. Um diese innerlich nachvollziehen zu können, sollen möglichst viele Sinnesorgane in die Vorstellung miteinbezogen werden. Besondere Bedeutung soll dabei sowohl auf die gefühlsmäßige, emotionale Wiedererinnerung (klassische Konditionierung) der erholsamen Situation als auch auf die Wahrnehmung der kinästhetischen Empfindung (Körpergefühl in einer bestimmten Position, z. B. beim Liegen, während Bewegungen) gelegt werden. Es handelt sich dabei um einen Wiedererinnerungsprozeß, der sowohl über die Emotion als auch über die kinästhetische Wahrnehmung definiert wird. Die dafür verantwortlichen Rezeptoren in den Muskeln, Sehnen und Bändern werden über die Vorstellung aktiviert (ideomotorische Reaktion oder Carpenter-Effekt). Das Ruhebild soll in dieser Erinnerung wirklichkeitsgetreu erlebt werden können.

Beherrscht ein Sportler oder ein Manager diese Fertigkeit, ist er einen großen Schritt weitergekommen. Er kann sich nun zum Ziel setzen, bei jeder neu auftauchenden Wahrnehmung von Unruhe sein Ruhebild »einzuschalten«. In der Praxis kann das dann so aussehen: Hochspringer A. merkt vor seinem Versuch, daß er unruhig und nervös wird. Daraufhin ruft er sein Ruhebild ab. Über die Vorstellung der erholsamen Situation kommt die gefühlsbetonte Wiedererinnerung, und der Sportler wird sich so innerhalb weniger Sekunden seinen optimalen Spannungsbereich einregeln.

Übungen zum Ruhebild
über das Training der Sinnesorgane

☞ *Training des optischen Analysators*

Der Akteur muß lernen, seine Umgebung, Gegenstände, die Wettkampfstätte genau zu betrachten, sie mit geschlossenen Augen zu fokussieren. Diese Bilder sollten sozusagen abphotografiert werden. In einer weiteren Phase soll er dasselbe mit entspannenden Situationen tun und diese abspeichern: einen Tag am Strand, in den Bergen, ein Sonnenuntergang oder -aufgang. Durch die innere Optik soll er an Ruhe und Kraft gewinnen.

Wie kann der Sportler diese Situationen konditionieren? Er speichert dieses Bild ab, zum Beispiel den Sonnenuntergang, und ballt gleichzeitig die Faust. Diese motorische Handlung ist von nun an mit dem entspannenden Erlebnis gekoppelt. Die Faust gehört mit zum eingespeicherten Ruhebild. Wenn er nun zu Hause trainiert, soll er die Faust zur Unterstützung der Wiedererinnerung ballen; gleichzeitig stellt er sich den »Sonnenuntergang« vor. Diese beiden Handlungen lösen ein schnelles Abrufen des Bildes aus und können darüber Entspannung bewirken.

Beim optischen Training sollte der Sportler auch auf die Farben schauen und sich diese möglichst genau einprägen. Zur Verstärkung seiner Eindrücke kann er am Strand, am

Berg oder zu Hause sein Ruhebild auch zeichnen. Dabei geht es nicht um die Ausführungsqualität, sondern um eine verstärkte Wiedererinnerung, Auseinandersetzung und Vertiefung des Bildes während des Zeichnens.

☞ *Training des akustischen Analysators*

Es ist wichtig, ein in der heutigen Gesellschaft reizüberflutetes Sinnesorgan wieder neu und differenzierter zu gebrauchen. Man muß lernen, sich auf akustische Reize zu konzentrieren und bewußt wahrzunehmen, wie beispielsweise das Rauschen der Wellen, das Zwitschern der Vögel. In der Praxis soll das Ohr geschult, in der Vorstellung sollen diese Laute wieder abgerufen werden. Dann kann auch in der Vorstellung erholsame Musik genossen werden, ohne die Laute tatsächlich zu hören.

☞ *Training des taktilen Analysators*

Bestimmte Oberflächen und deren Beschaffenheit sollen bewußt über den Tastsinn wahrgenommen werden. Wie fühlt sich die Wiese, der Sand an? Nach einem ersten Praxisblock soll dieser Analysator mit geschlossenen Augen geschult werden. Gerade das Medium, in dem man sich besonders wohlfühlt, sollte man genau ertasten und exakt wahrnehmen: Wie liegt der eigene Körper in der Entspannungsposition auf, wie fühlt sich die Oberflächenbeschaffenheit an? Und wie ist die Kleidung, in der man sich wohlerfühlt als in anderer?

☞ *Training des olfaktorischen Sinnes (Geruchssinn)*

Über den Geruchssinn soll Meeres- oder Waldluft bewußt wahrgenommen werden. Es ist die Luft des Ruhebildes. Der Sportler soll sich fragen, welcher Duft entspannend wirkt, welcher aktivierend. Geschlossene Augen bringen den Vorteil, sowohl in der Realität als später auch in der Vorstellung mehr wahrzunehmen, mehr zu riechen.

☞ *Training des Geschmackssinns*

Bestimmte Lebensmittel wirken eher entspannend, andere eher erfrischend. Dies soll bewußt in der Realität überprüft werden.

☞ *Training des kinästhetischen Analysators*

Entscheidend ist, welches Gefühl der Entspannung der Sportler hat, wenn er sich bewegt oder in einer angenehmen Situation entspannt. Er soll lernen genau zu unterscheiden, ob sich bestimmte Muskeln lockerer als andere anfühlen. Häufig erinnert er sich nur an das Gefühl nach einer bestimmten angenehmen beziehungsweise gelungenen Handlung: Dies strebt er an, dies hat er anzustreben! Je schneller es gelingt, das Gefühl herbeizurufen, desto schneller kann er sich in den erwünschten Zustand hineinmanövrieren. Der kinästhetische Analysator ist somit auch für das Bewegungslernen sehr wesentlich.

Die Analysatoren sollen sich gegenseitig unterstützen, um die erwünschte Körper- und Bewegungsempfindung herbeizuführen, das, was gemeinhin als »gutes Gefühl« bezeichnet wird. Die Qualität der einzelnen Sinnesempfindungen ist letztlich entscheidend für die Qualität der Entspannung. Folgendes Beispiel soll den Umgang mit dem Ruhebild verdeutlichen.

Der Sportler stellt sich beispielsweise das Ruhebild »Liegen am Strand« aus der Innenperspektive vor. Zuerst versucht er, sich die Umgebung möglichst detailliert vorzustellen: Er erinnert sich an die Farbe des Meeres, des Himmels, des Sandes, worauf er konkret liegt, die Position der Sonne (optischer Analysator). Dann hört er die Wellen rauschen (akustischer Analysator). Er spürt den warmen Sand, die Körperteile im Sand (taktiler Analysator), und er riecht die Meeresluft (geruchsempfindender Analysator). Er nimmt das Gefühl der Entspannung in dieser Situation wahr. Seine Muskeln sind locker, gelöst, die Extremitäten in angenehmer Position (kinästhetischer Analysator). Er fühlt sich frei, zufrieden, glücklich und empfindet innere Freude (Emotionen).

Trainingshäufigkeit

Das gewählte Ruhebild sollte täglich zweimal zwischen drei und fünf Minuten eingeübt und dann trainiert werden. Wenn es automatisiert und stabilisiert ist, sollte es jederzeit abgerufen werden können, auch in Situationen mit Störfaktoren wie Lärm auf dem Sportplatz oder Pfiffe bei einer Rede. Erst dann ist die Methode des Ruhebildes wettkampftauglich.

Ist es einmal automatisiert, reichen zehn bis zwanzig Sekunden Verweilen im Ruhebild aus, um einen beruhigenden Effekt zu erzielen. Dann ist es weiters möglich, es unter schwierigen Bedingungen zu schulen. Denn letztlich sollte das Ruhebild abrufbar sein mit offenen Augen, in Sekundenbruchteilen, um das Spannungsbarometer in Windeseile in den optimalen Bereich zu bringen.

Nun werden noch weitere Techniken vorgestellt, die die Ganzkörperentspannung fördern.

Das Spielen mit dem Plastelin

Bei dieser speziell für Sportler entwickelten Übung (vgl. Frester u. Wörz 1997) begibt sich der Sportler in eine für ihn entspannende Ausgangsposition und versucht, mit geschlossenen Augen seine Position möglichst exakt wahrzunehmen. Zuerst entspannt er alle Muskeln. Er bedient sich dabei Formeln wie: »ich bin ganz ruhig«, »ich bin gelassen«, »die Körperspannung nimmt mehr und mehr ab«, »ich lasse mich von meiner Unterlage tragen«. Anschließend versucht er, seine Position zu visualisieren. Der Akteur soll sich bewußt machen, wie die Stellung der Extremitäten (Arme, Beine, Finger) ist und wie sich bestimmte Körperteile anfühlen: Liegen die Beine weit auseinander? Zeigen die Füße nach außen? Sind die Hände aus- oder eingedreht? Wie sind die Finger positioniert? Wie fühlt sich die rechte Körperhälfte im Vergleich zur linken an? Über diese Vorstellung soll die Körperwahrnehmung vertieft und abgespeichert werden.

Anschließend nimmt der Sportler, immer noch liegend, das Plastelin in die Finger und beginnt, mit geschlossenen Augen seine Entspannungsposition möglichst exakt nachzukneten. Dabei ist für den Sportler der ständige Wechselbeziehungsprozeß zwischen seiner abgespeicherten Wahrnehmung und dem zu knetenden Modell wichtig. Der Athlet formt quasi sein eigenes Abbild, lernt dabei, präzise die Stellung und die Position seines Körpers wahrzunehmen. Weiters lernt er, das Gefühl der einzelnen Muskelgruppen differenziert zu empfinden. Diese Übung stellt auch hohe Ansprüche an die Konzentration und an die kinästhetische

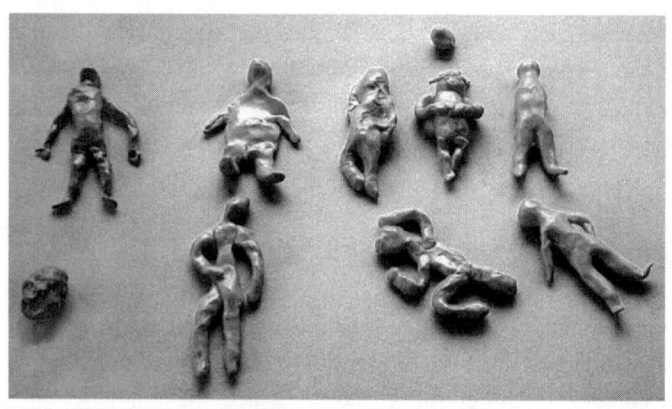

Abbildung 11: Plastelin

Unterscheidungsfähigkeit. Allerdings sollen diese Übungen zumindest teilweise mit dem Trainer oder Partner vorgenommen werden, da Unterschiede zwischen der Selbstwahrnehmung und dem objektiven Erscheinungsbild bestehen. Der Trainer hat so die Möglichkeit, mit dem Sportler anhand seines Modells über die Wahrnehmung (auch fehlerhafte Wahrnehmung) zu sprechen. Der Trainer kann somit auf die innere Wahrnehmung und Vorstellungsfähigkeit des Sportlers Einfluß nehmen.

Das Plastelinkneten bietet weitere Vorteile: Die Aufmerksamkeit wird auf das Kneten der Entspannungsposition und dadurch auf die innere Wahrnehmung gerichtet. Deshalb kann die Konzentration nicht leicht abschweifen. Es verstärkt also die Aufmerksamkeit. Für jene Sportler, die sich mit Visualisierung schwertun, bietet es die Möglichkeit des Zugangs zum mentalen Training. Erfolgreich ist diese Methode besonders bei Kindern und Jugendlichen, denn Spaß, Anreiz und Motivation sind beim Plastelinkneten groß. Und so wird diese altersmäßig junge Zielgruppe auf spielerischer Art und Weise in das mentale Training eingeführt.

Durch die intensive Auseinandersetzung mit der idealen Entspannungsposition beim Modellieren wird der Entspannungszustand schneller erreicht. Die Entspannungsposition kann später auch ohne Kneten überall und jederzeit schneller abgerufen werden. Das ist das Ziel des Plastelinknetens.

Die Bedeutung von Anspannung und Entspannung

Grundprinzip ist, über die Anspannung bestimmter Muskelgruppen und anschließender Entspannung einen höheren Entspannungsgrad erreichen zu können. Man versetzt sich in die Muskelgruppe, die entspannt werden soll, mental hinein und versucht, ganz präzise Veränderungen während der An- und Entspannungsphase wahrzunehmen. Dazu eignen sich besonders auch Vergleiche, beispielsweise: Wie fühlt sich der entspannte Unterarm im Vergleich zum anderen an? Gibt es Unterschiede? Auch hier geht es um qualitative Verbesserungen der kinästhetischen Wahrnehmung. Grundsätzlich können alle Muskelgruppen angespannt und entspannt werden.

Ziele dabei sind:
– die muskuläre Wahrnehmung zu verbessern;
– verspannte Muskelgruppen zu lockern;
– den ganzen Körper zu beruhigen (die Entspannung der einzelnen Muskelgruppen weitet sich zu einer Gesamtentspannung aus);
– das entscheidende Wechselspiel bei sportlicher Betätigung, die Muskulatur im richtigen Moment anzuspannen oder zu entspannen, zu verbessern.

Als physiologische Wirkung führt diese Form der muskulären Entspannung zu verbesserter Durchblutung und infolgedessen zu rascher Wiederherstellung nach dem Training oder Wettkampf. Ein Vorteil dieser Technik für Sportler liegt auch beim Erlernen von Bewegungen, da sie zu einer verbesserten, differenzierten Körperwahrnehmung führt. Dies ist ein zusätzlich motivierender Faktor und reizt zur aktiven Mitarbeit.

Praktische Übungen

Die Übungen werden im Liegen, Sitzen oder im Stehen durchgeführt. Zuerst entspannt sich der Akteur. Diese Grundentspannung beinhaltet auch Elemente des Autogenen Trainings und kann formelhaften Charakter haben (»der rechte Arm wird ganz schwer«), führt über Metaphern (»ich fühle mich leicht wie eine Feder«, »Entspannung fließt«, »Gelassenheit fließt durch alle Muskelgruppen«) oder über das Ruhebild.

Im Anschluß daran spannt man die Muskelgruppen ungefähr fünf bis sieben Sekunden an, ballt beispielsweise die Faust, spannt den Unterarm an und verbalisiert mit: »spannen, spannen, spannen, spannen!«. Anschließend folgt: »lösen, lösen, lösen, lösen!«, und gleichzeitig wird die Faust leicht geöffnet, der Unterarm entspannt. Und das neue Gefühl wird wahrgenommen. In diesem Zusammenhang soll auf Edmund Jacobson verwiesen werden, der den Begriff der »Progressiven Muskelrelaxation« prägte (vgl. Bernstein u. Borkovec 1975).

– Besondere Aufmerksamkeit ist auf die *Stirnmuskulatur* zu legen. Hier liegen aufgrund von Bio-Feedback-Untersuchungen Ergebnisse vor, nach denen die Entspannung dieser Muskeln sich schnell auf andere Muskelgruppen überträgt. Diesen positiven Effekt macht man sich vor allem bei den Spannungskopfschmerz-Therapien zunutze.

– Entspannung der *Bauchmuskulatur:* Zuerst anspannen in der Erwartungshaltung, von jemandem einen Stoß in den Bauch zu erhalten; nach einer Entspannungsphase erneut den Bauch anspannen und dabei die Luft anhalten, um gegen einen Schlag in die Bauchgegend gewappnet zu sein.

– Entspannung der *Schultergürtelmuskulatur:* Schultern hochziehen, Luft anhalten, die Schultern senken und entspannt ausatmen.

– Entspannung der *Gesäßmuskeln:* Muskulatur zusammenkneifen, anschließend entspannen.

– Entspannung der *Füße:* Fersen gegen den Boden drücken, anschließend entspannen.

Prinzipiell ist es gleichgültig, welche Muskeln ent- und angespannt werden. Sinnvoll ist es jedoch, diese Technik mit der an der sportlichen Bewegung hauptsächlich beteiligten Muskulatur durchzuführen, da dadurch vergrößerte Sensibilität oder Wahrnehmung (kinästhetische Differenzierung) erreicht werden kann.

Verwandte Übungsformen

Im Stehen werden nach und nach alle Muskelgruppen angespannt, von den Zehen bis zum Gesicht. Der Körper bleibt rund fünf Sekunden in Spannung, anschließend werden alle Muskelgruppen gelöst, indem man leicht in sich »zusammenfällt«. Aus dieser Entspannung können in lockerem Zustand schnelle Skippings oder Sprints durchgeführt werden. Diese Übung sollte nur im aufgewärmten Zustand durchgeführt werden und dient vor allem für das Gefühl, mit Spannung und Entspannung umgehen zu können.

Im entspannten Zustand soll man sich schnell locker bewegen. Dann kneift man die Zehen zusammen, spannt die Unterschenkelmuskulatur an, die vordere und hintere Oberschenkelmuskulatur, das Gesäß, den Bauch, den Rücken, die Brust, die Faust, die Arme, das Gesicht und sagt sich: »spannen, spannen, spannen, spannen!« Dann löst man die Anspannung und geht nahtlos über in die schnelle Bewegung.

5 Von Angst, Angstbewältigung und dem Angstgegner

Wer hat schon gern Angst? Angst ist unangenehm, jagt einem die Gänsehaut über den Rücken, vermittelt Unwohlsein. Und dennoch: Angst ist lebensnotwendig. Wer Angst hat, geht weniger Risiko ein. Und in diesem Sinn dient die Angst zur Erhaltung der Spezies, der Art. Insofern ist sie als überaus positiv zu betrachten.

Probleme ergeben sich allerdings, wenn die Angst ein zu hohes Ausmaß annimmt, das den Lebensfreiraum prinzipiell und den Handlungsspielraum im Sport oder Beruf speziell einschränkt.

In diesem Fall ergeben sich dann Auswirkungen auf körperlicher Ebene (Verkrampfung, Zittern, Schweißausbrüche, Adrenalin-Ausschüttung), auf motorischer Ebene (die Kreativität in der Bewegung nimmt ab, man zieht sich auf ein einziges Bewegungsmuster zurück, man verliert an Flexibilität, letztlich begibt man sich auf die »Flucht«) und auch im Ausdruck: Der Sportler wie der Manager machen sich in dieser Situation klein, wirken nicht nur, sondern sind unsicher, unkoordiniert und nicht geschmeidig – in Wort und Tat. Auf der Gedankenebene hofft der Akteur, daß der Wettbewerb oder die Konferenz nun gleich vorbei sein möge. Und er sagt sich, daß »die Verletzung/die anstrengende, nervzehrende Vorbereitung doch sehr zu schaffen gemacht hat« und konzentriert sich somit auf das schwächste Glied der Kette: den Körper. Allesamt stehen Äußerungen großer Angst letztlich für die Angst, einfach zu versagen.

Auswirkungen und Gegenspieler der Angst

Es kann sich leicht ein negativer Kreislauf einstellen: Die durch Angst entstehende Verkrampfung erhöht den körperlichen Schmerz, und dieser führt wiederum zu immer größer werdenden Angstgedanken. Es werden Schmerzen wahrgenommen, obwohl die körperlichen Probleme und Leiden eigentlich gar nicht mehr aktuell, sondern bewältigt und Vergangenheit sind. Dieser Schmerz ist rein psychologisch bedingt; er ist ein Phänomen, das über bestimmte Zentren im Gehirn registriert wird.

Es ist auffallend, daß Personen immer wieder vor großen Ereignissen, wie wichtige Wettkämpfe oder bedeutsame Konferenzen, krank werden. Einer der vielen Gründe ist Angst. Angst und die damit verbundenen Streßreaktionen können das Immunsystem schwächen, weshalb man anfälliger für Infekte wird. Und weil man gerade dort mehr und mehr verkrampft, wo Schwachstellen sind, weisen die Angst

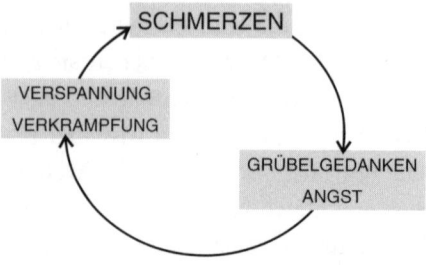

Abbildung 12:
Schmerzkreislauf

und die daraus resultierende psychosomatische Krankheit auf punktuelle Schwachstellen des Körpers hin.

Wer allerdings in extremen Streßsituationen steht und mit diesen umzugehen gelernt hat, sich unter gewissem Druck vielleicht sogar wohl fühlt, der nimmt Schmerzen weniger wahr: im Streß erkrankt derjenige seltener. Streß hat hier also eine positive Wirkung auf das Immunsystem – mit einem nicht zu unterschätzenden Nachteil: Läßt der Streß irgendwann (naturgemäß) nach, bricht das System zusammen. Bei überhöhtem Dauerstreß treten jedoch immer wieder psychosomatische Krankheiten (besonders Herz-Kreislauf-Probleme) auf.

Gegenspieler der Angst

Wichtigster Angsthemmer ist die Entspannung. Denn es gelingt kaum, entspannt zu sein und gleichzeitig Angst zu haben. Wie soll das gehen? Man kann sich nicht entspannt davor fürchten, durch eine dunkle und gefährliche Seitengasse gehen zu müssen. Man kann nicht gelassen und ängstlich zugleich den bohrenden Fragen anwesender Geschäftspartner entgegensehen. Entweder man fürchtet sich und spannt sich an – oder eben nicht. Wenn es gelingt, in Angstsituationen zu entspannen, dann ist dies ein großer Schritt in Richtung Angstbewältigung. Auch in beängstigenden Situationen, wie sie beispielsweise in einem Horrorfilm vorkommen, kann geübt werden, entspannt weiterzuatmen.

Weitere Gegenspieler der Angst sind Spaß und Freude. Wer sich freut und etwas gern macht, kann sich kaum gleichzeitig fürchten. Wenn ein Vortrag gut vorbereitet ist und man weiß, daß Hunderte von Personen im Auditorium sitzen, und wer sich darauf freut, zu diesen sprechen zu dürfen, der wird sich kaum fürchten. Situationen gehören umbewertet: nicht als beängstigend sollen sie eingestuft werden, sondern als *positive Herausforderung*. Das ist deshalb wichtig, weil selbst in entspannten Situationen immer wieder beängstigende Gedanken auftreten können. Wenn in diesem Fall aber eine *gedankliche Umbewertung* der Aufgabe stattgefunden hat, führt die Angst nicht mehr in einen negativen Grübelkreislauf.

Unter Umbewertung versteht man, eine Situation von einem neuen Standpunkt heraus zu betrachten wie zum Beispiel, einer Handlung ganz bewußt das Schöne, das Attraktive, das Reizvolle abzugewinnen, die Herausforderung bei einem Wettkampf zu sehen, für den man sich so lange vorbereitet hat. Die Situation des Wettbewerbs, des Vortrags ist als Erfüllung des Trainings, quasi als Zuckerl der Vorbereitungen zu bewerten.

Wenn ein Slalomläufer beispielsweise bei zwei Rennen in Folge nach einem Torfehler ausgeschieden ist, wird er bei der dritten Konkurrenz unsicher antreten. Häufig kommt dann ein unangenehmes Gefühl auf, wieder zu versagen, und diese Angst wird zum hemmenden Störfaktor. Er muß die Situation umbewerten und sollte sich auf einem Blatt notieren, was er an diesem Rennen attraktiv findet, zum Beispiel an diesem Hang, am Kurs, ob es interessante Eigenheiten gibt und was ihm sympathisch an der aktuellen Situation ist. Selbst wenn ihm im ersten Moment nichts Attraktives einfällt, soll er sich bemühen und solange suchen, bis er etwas Positives findet. Solange die Situation einen Widerstand hervorruft oder gar ein Feindbild beinhaltet, wird der Sportler wie auch der Manager verkrampfen und sein Potential an Leistung nicht zur vollen Entfaltung bringen können. Dieser Widerstand wird erst dann aufgehoben, wenn mit der Situation (also dem Umfeld, den äußeren Einflüssen, dem Material, dem Publikum, auch dem Konkurrenten) quasi Freundschaft geschlossen wird. Es geht um die positive Einstellung, zu der der Sportler oder der Geschäftsmann finden muß. Es ist egal, was Außenstehende darüber denken und sagen könnten. Relevant ist allein das daraus resultierende Auftreten.

Der Umgang mit Angstgegnern

Wenn der Athlet A. gegen den Athleten B. immer wieder verloren hat, dann entwickelt er automatisch Negativ-Gedanken diesem gegenüber. Denn so gut er auch vorbereitet sein mag, neue Techniken, andere Taktiken sich zurechtgelegt hat – er bleibt immer der Verlierer. Athlet A. muß die Situation umbewerten und den Konkurrenten als Partner sehen, mit dessen Hilfe er sich verbessern kann. Er darf sich nicht negativ leiten lassen, sondern muß positive Ansätze im Duell mit dem Angstgegner finden. Der Sportler sollte sich auf keinen Fall auf eine emotionale Auseinandersetzung einlassen. Diese Auseinandersetzung würde dann unweigerlich zu einer Verkrampfung und zu einer Überbewertung des Konkurrenten führen und in weiterer Folge zu eingeschränkten Leistungen.

Verändern muß sich die Einstellung zum Angstgegner. Zu jenem Kontrahenten, gegen den man noch nie gewonnen hat, der mit allen Mitteln kämpft, der immer die um ein Quentchen bessere Technik und das um ein Quentchen bessere Glück hat, gegen den es eigentlich unmöglich ist zu siegen. Zu jenem Gesprächspartner, der rhetorisch überlegen ist, immer den richtigen Satz auf den Lippen und die überlegene mimische Darstellung hat.

Man kann den Angstgegner nur besiegen, wenn er in der Bewertung neu eingestuft wird. Der Angstgegner gehört respektiert. Dadurch wird man offen und bereit, die Stärken des Gegners zu erkennen und für sich selbst zu nutzen. Ohne Verkrampfung, sondern entspannt, mit Freude und Spaß am Wettkampf, ist ihm gegenüberzutreten.

Die Angst in den Griff bekommen

Für eine systematische *Desensibilisierung* (vgl. Fliegel et al. 1989) sollen Trainer und Sportler oder Manager für sich allein eine Hierarchie erstellen (von 1 bis 10), wobei »zehn« die Situation darstellt, die am meisten Angst auslöst, »eins« jene ist, die am wenigsten Angst macht. Größte Angst könnte beispielsweise vor einem Großereignis wie Olympische Spiele oder Weltmeisterschaft auftreten, das der Sportler nach schwerer Verletzung bestreiten muß; er fürchtet sich davor, bei einem solchen Wettkampf seine Topleistung erbringen zu müssen. Größte Angst könnte auch vor einer wichtigen Konferenz herrschen, bei der es um ein großes Geschäft geht und die karriereentscheidend für den Manager werden kann.

Beispiel einer Hierarchie:
1. Am wenigsten Angst löst die Reise zum Wettkampfort aus.
2. Es folgt die Akkreditierung, bei der der Sportler erstmals mit möglichen Konkurrenten zusammentrifft.
3. Betreten der Wettkampfstätte
4. Erstes Training in der Wettkampfstätte
5. Konfrontation mit Journalisten
6. Erwartungshaltungen des Umfeldes
7. Auslosung
8. Aufwärmen mit den Konkurrenten im Stadion
9. Startvorbereitungen

10. Der Wettkampf selbst: Zum Saisonhöhepunkt muß der Athlet in einem vollen Stadion antreten; es geht auch um seine existentielle Absicherung, um Sponsorengelder und/oder Verbleib in einer Heeressportgruppe; der Sportler weiß, daß er im Mittelpunkt des Interesses steht, er weiß, was sich viele denken: daß er ohnehin nichts zustande bringen wird.

Jede dieser Situationen soll in entspanntem Zustand gedanklich Schritt für Schritt nachvollzogen werden. Sobald Unruhe auftritt, muß der Akteur lernen, sich zu entspannen. Das Prinzip ist, Angstsituationen in entspanntem Zustand durchzuspielen und dabei die Entspannung als angstreduzierend zu empfinden.

Zu Beginn versetzt sich der Sportler in einen entspannten Zustand, zum Beispiel durch ein Ruhebild oder durch andere Entspannungsverfahren. Anschließend wird dem Sportler detailliert Stufe 1 geschildert (wichtig dabei ist, daß die Hierarchie zuvor genau durchgesprochen wurde!). Beim Schildern sollen möglichst viele Sinnesempfindungen eingeschlossen werden. Erst wenn Stufe 1 völlig problemlos im entspannten Zustand bewältigt werden kann, geht man zu Stufe 2 über. Gibt es dort emotionale Probleme, kehrt man zu Stufe 1 zurück.

Sehr oft verläßt der Sportler bei diesem Training mental die Situation; dann nämlich, wenn sie unangenehm wird. Effizienter ist es allerdings, sich dieser Situation zu stellen. Wie, das soll jetzt dargestellt werden.

Die Konfrontationsmethode verläuft in drei Schritten:
1. Gespräch
2. Vorstellung: sich mental mit der Situation konfrontieren
3. Konfrontation in der Realität:
   - Im Training werden Streßsituationen imitiert.
   - Angstbesetzte Wettkampfsituationen werden gesucht.

Die Situation, die die meiste Angst bereitet, sollte sehr genau durchgesprochen werden – mit allen Konsequenzen, die passieren könnten. Das Gespräch trägt bereits dazu bei, daß unangenehme Gedanken nicht wie gewöhnlich verdrängt werden können, sondern eine erste Form der Konfrontation darstellen. Vermeider weichen Auseinandersetzungen mit unangenehmen Situationen permanent aus und meinen:»Ich will gar nicht darüber reden, irgendwie wird das schon passen.« Die Problematik beim Vermeiden liegt darin, daß die Angst vor der nächsten Konfrontation mit dem unangenehmen Auslöser deutlich zunimmt, weil keine Aufarbeitung des Problems erfolgt ist. Die Angst wird also nur größer.

Wenn Sportler vor großen Wettkämpfen, oder Manager vor wichtigen Verhandlungen, von Angst oder Versagensängsten geplagt werden, können sie sich nicht auf ihre Einsätze und Auftritte freuen, sondern wünschen sich bloß, daß es schon vorbei wäre. Am liebsten möchten sie vor Beginn des Wettkampfs oder der Verhandlungsrunde schon wieder daheim sein, wollen mental fliehen, haben ein positives Resultat ihres Tuns bereits vorher abgeschrieben. Wenn sie sich jedoch vorher über das Gespräch und in der mentalen Vorstellung mit der Realität konfrontieren, dort bereits ihre Ängste abbauen, wird der Wettkampf beziehungsweise die Verhandlung anders verlaufen. Entspannter, mit Spaß und Freude an der Sache, vor allem aber: erfolgreicher!

Ablauf und Wirkung der Konfrontation

Die Konfrontation in der Vorstellung und dann auch in der Realität eignet sich besonders, um die Angst in den Griff zu bekommen. Sowohl der Sportler als auch der Manager lernen dabei, mit angstbesetzten Situationen in der Realität besser umzugehen. Sie müssen sich dabei auf die angstbesetzte Situation einlassen und lernen zu verharren, bis es zu einer *Gewöhnung an die Situation* kommt. Die Angst gelangt zu einem Punkt, an dem viele Menschen fliehen. Flucht bedeutet, daß die Angst zwar kurzfristig abnimmt, aber das Problem sich langfristig zu einem unüberwindbaren Hindernis aufschaukelt – wenn die Angst nämlich ein gewisses Ausmaß erreicht. Wenn man jedoch in der Situation bleibt und dieses Gefühl bewußt durchlebt, kommt es zu einer Gewöhnung der Angst, das heißt, die Angst steigt nicht mehr weiter an, sondern beginnt sich zu reduzieren (siehe Abbildung). Wenn eine ähnliche Situation das nächste Mal wieder eintritt, wird diese eine *andere Bewertung* erfahren und als deutlich weniger belastend erlebt werden.

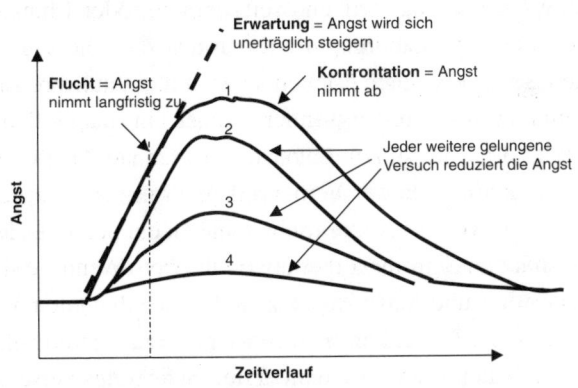

Abbildung 13: Konfrontation mit einer angstbesetzten Situation
(in Anlehnung an Reinecker 1987)

55

Die Angstbewältigung von Andreas Schifferer

Folgendes Beispiel soll verdeutlichen, wie ein traumatisiertes Erlebnis eines Skirennläufers verarbeitet und bewältigt werden kann.

Im Jänner 1996 stürzte der Salzburger Abfahrer Andreas Schifferer im ersten Trainingslauf im Zielsprung der »Streif«-Abfahrt in Kitzbühel (Österreich) schwer. Es war seine erste Saison im A-Kader der österreichischen Nationalmannschaft, es war seine erste Begegnung mit der berühmt-berüchtigten Hahnenkamm-Abfahrt. Frohgemut war er nach Kitzbühel gekommen, hatte er doch beim Rennen zuvor in Bormio als bislang beste Weltcup-Plazierung den zweiten Rang belegt. Und nun das: Schwere Gehirnerschütterung und Gehirnprellung sorgten für ein unerwartetes Saisonende; und es wurde gar spekuliert, daß Schifferer dem Hochleistungssport für immer ade sagen könnte. Bedeutete ein Sturz bei 120 Stundenkilometer das Ende seiner jungen Skikarriere?

Schifferer ist ein Sportler mit Herz und Verstand. Und Durchschlagskraft. Mit größter Konsequenz und Einstellung, mit größtem Trainingsfleiß und einer enormen Motivation arbeitete sich der Salzburger wieder an die Weltspitze heran. Von ihm selbst kam auch das Verlangen, auf mentalem Gebiet zu trainieren und Fortschritte zu erzielen. In diesem Punkt fand er große Unterstützung von seinem Trainer Toni Giger. Mentales Training bot sich an, weil der Sturz in Kitzbühel einen tiefen Riß in seinem Gefühls- und Gedankenleben hinterlassen hatte: Schifferer wurde von diesem Ereignis regelrecht verfolgt und hatte Alpträume. Ein ständig unsicheres Gefühl bei dem Gedanken an Sprünge generell war die Folge.

So erarbeiteten wir in einem ersten Schritt des mentalen Trainings sämtliche Details des ominösen Übungstages in Kitzbühel, von der Vorbereitung bis zum Unfall, besprachen und hinterfragten alles. Bereits die Auseinandersetzung mit diesem Tag war der erste Schritt der Konfrontation und der Angstbewältigung. Schifferer sollte möglichst entspannt den gesamten Hergang der Handlungen schildern.

Außerdem schilderte der Skisportler, was an seinem erfolgreichsten Renntag, in Bormio wenige Wochen zuvor, geschehen war. Wie er den zweiten Rang erkämpfte, wie er sich auf die Konkurrenz vorbereitet hatte, welche Nachbetrachtungen er anstellte.

Ebenso wurde eine entspannte Situation, ein Ruhebild, in allen Details herausgearbeitet. Nur die Vorstellungen von Kitzbühel bescherten dem Sportler dann doch noch ein unangenehmes Gefühl. In einem weiteren Arbeitsschritt wurden nun die positiven Erlebnisse von Bormio und das Ruhebild mental nachvollzogen.

Konkret wurde es, als es um die verschiedenen Sprünge ging, die im Lauf einer Ski-Abfahrt zu bewältigen sind. Hier wurde das Verhalten bei den diversen Sprüngen genau analysiert und von den leichteren ausgehend bis hin zu den schwierigen mental nachvollzogen. Zudem mußte der Sportler sämtliche positive Faktoren auflisten, die das Springen so attraktiv machten. Zur Unterstützung und um die Vorstellung weiter zu vertiefen, wurden Videoaufnahmen von Sprüngen herangezogen. Erst wenn Schifferer leichtere Einsätze mental sicher bewältigen konnte, wurde der Schwierigkeitsgrad erhöht.

Beim Vorstellungstraining hatte sich Schifferer in die Situation zu versetzen, in Kitzbühel zu sein. Er mußte sich das Quartier, die Leute, den Hang vorstellen, quasi als mentale Aufwärmübung. Dann fuhr er sich geistig auf der »Streif« ein und schilderte entspannt seine Gefühle. In einem weiteren Schritt fuhr er die Abfahrt aufrecht hinunter, dann mit Tempo, ohne allerdings die Sprünge zu berücksichtigen. Vor allem jenen Zielsprung, der ihm zum Verhängnis geworden war, nahm er bei seinen geistigen Rennen besonders vorsichtig, schwang das erste Mal gleich zweimal ab, dann einmal, und kam in der Folge soweit, daß er ihn mental sicher sprang. Er hatte dann zu sagen, wie weit er den Sprung gesetzt hatte.

Das konkrete Imaginationstraining verlief folgendermaßen: In der ersten Phase versetzte sich Schifferer in einen entspannten Zustand. Hier eignet sich besonders das differenzierte Wahrnehmen von Entspannungszuständen bestimmter Körperregionen: Wie fühlt sich der rechte Arm im Vergleich zum linken an? Und wie die rechte Körperhälfte im Vergleich zur linken? Gibt es Unterschiede? Welche? Man lernt in dieser Situation auch, mit Geräuschen und anderen Störfaktoren umzugehen. Man nimmt sie als gegeben und deshalb gelassen hin. Die Aufmerksamkeit verlagert sich langsam von außen nach innen, der Körper wird schwerer, wobei der Geist hellwach bleibt.

Schifferer versuchte in der zweiten Phase, sich mit allen Sinnesorganen in das Ruhebild hineinzuversetzen. Erst wenn er durch und durch entspannt war, stellte er sich sein erfolgreichstes Rennen bis zu diesem Zeitpunkt (Bormio) vor und gab während der mentalen Fahrt immer wieder Auskünfte über sein aktuelles Gefühl, den Streckenverlauf, über angestellte Beobachtungen. So entwickelte sich der Dialog zwischen dem Mentaltrainer (Thomas Wörz) und dem Sportler. Nach dem Rennen wurde wieder das Ruhebild aufgerufen.

In der dritten Phase sollte sich Schifferer Kitzbühel vorstellen. Es wurde versucht, das positive Gefühl von Bormio in den österreichischen Skisportort zu übertragen – mit genauen, möglichst konkreten Details über den Startraum und den dortigen Vorbereitungen: Was hat der Sportler hier getan, und was dort? Dann fuhr Schifferer in der Vorstellung in meh-

Abbildung 14: Andreas Schifferer und Toni Giger

reren Etappen die »Streif« hinab. Das erste Mal kommentierte er seinen Lauf – was er machte, bei welcher Kurve er war, worauf er gerade besonderen Wert legte – und war eher langsam. In einer optimierten Phase wurde der Start und dann die Zieldurchfahrt des Läufers von ihm selbst mit einem Handzeichen angegeben, und der Mentaltrainer nahm die Zeit. Diese Zeiten entsprachen der Realität mit Abweichungen von plus/minus fünf Sekunden und wurden stabil eingehalten (auch beim wahren Rennen variieren die Zeiten auf der »Streif« in ungefähr diesem Ausmaß). Anschließend rief Schifferer das Ruhebild zur Regeneration und Erholung auf.

In einer nächsten Phase befand sich der Sportler wieder im Ruhebild. Nun wurden verschiedene Gefühls- und Erlebniszustände miteinander verkoppelt. So genoß Schifferer das gute Gefühl von Bormio und befand sich gleich anschließend am Start von Kitzbühel. Er stellte sich vor, bei der Sie-

Abbildung 15: Andreas Schifferer

gerehrung in Italien zu sein und im nächsten Augenblick in einer eher angstbesetzten Abfahrt, just in einem Moment des Springens. Hier wurden Gefühlszustände vermischt mit dem Ziel, daß der Sportler das nächste Mal mit einem völlig neuen Gefühl an eine angstbesetzte Situation, im konkreten Fall das Rennen in Kitzbühel, herangehen kann.

Erst als Schifferer mental die »Streif« bewältigt hatte, ging es für ihn in die eigentlich vorentscheidende Phase, nämlich die Rennstrecke noch im selben Sommer von oben bis unten abzugehen. Auf diesem Weg mußte sich Schifferer immer wieder die Situation und die Bedingungen im Winter vor Augen führen, sich intensiv mit der Bewältigung technisch schwieriger Passagen mental beschäftigen und die Anweisungen des Trainers in die Vorstellung übertragen.

Die entscheidende Phase an diesem Tag war das Verharren am Zielsprung. Ein halbes Jahr nach dem Unfall wurde der Salzburger Skisportler das erste Mal mit der Realität konfrontiert. Um noch näher an die Wirklichkeit heranzukommen, stand Schifferer am Zielsprung mit Helm, Skibrille und Skistöcken und simulierte die Fahrt vom Start bis ins Ziel: in der Rennhocke, mit Gewichtsverlagerungen in den Kurven, mit den Vorbereitungen der Sprünge (zu Beginn fuhr er mit aufrechtem Oberkörper über den Zielsprung). Trainer und Mentaltrainer konnten zu jedem Zeitpunkt sagen, an welchem Punkt sich ihr Schützling gerade aufhielt. Erst von diesem Zeitpunkt an, als Andreas Schifferer die Abfahrtsstrecke und den Zielsprung mental sicher beherrschte, war der positive Kontakt mit dem Ort des negativen Ereignisses wiederhergestellt. Für den Salzburger wurde mentales Training als fester Bestandteil seines Gesamt-Trainingsplans aufgenommen. Die Bemühungen in diesem Sektor der Angstbewältigungsstrategie nach dem Hahnenkamm-Rennen in Kitzbühel 1997 konnten als gelungen angesehen werden. Schifferer bewältigte die letzte Passage und den Zielsprung als schnellster aller Fahrer, plazierte sich aber nach einem Fehler im oberen Abschnitt auf dem elften Rang. Wenige Wochen später gewann Schifferer allerdings Weltmeisterschafts-Bronze in Sestriere im Riesentorlauf und belegte bei der WM-Abfahrt den fünften Rang. Und in der Saison 1997/98 holte sich Schifferer dann nicht nur fünf Erfolge bei Abfahrten, sondern auch den Abfahrts-Gesamtweltcupsieg.

6 Konzentration – auf das Wesentliche

Die Aufmerksamkeit ist vergleichbar mit einem Filter, der wesentliche von unwesentlichen Informationen unterscheiden soll, um sie unserem Gehirn zugänglich zu machen oder aber zu eliminieren. Ist der Sportler oder der Manager unkonzentriert, gelangen unwesentliche Informationen in den Verarbeitungsprozeß des Gehirns. Die Informationsumsetzung wird dadurch unnötig verzögert – oder mißlingt gänzlich. Die unwesentlichen Informationen (Störfaktoren) können sowohl Gedanken und Geräusche als auch unterschiedliche Reize sein, die mit der zu bewältigenden Aufgabe in keinem direkten Zusammenhang stehen. Ob die entscheidenden Detailinformationen oder aber Gesamteindrücke in den Verarbeitungsprozeß gelangen, hängt von der Leistung der Aufmerksamkeit ab. Diese wird in zwei Bereiche unterteilt: gebündelte, konzentrative Aufmerksamkeit (*Konzentration*) und verteilte, distributive Aufmerksamkeit (*Distribution*). Die Koordination dieser beiden Bereiche hängt von der Umschaltfähigkeit der Aufmerksamkeit ab.

Mit der Aufmerksamkeit verhält es sich wie mit einer Taschenlampe. Wenn man einen bestimmten Gegenstand beleuchtet, kann sie so eingestellt werden, daß alle Strahlen gebündelt auf das Objekt gerichtet sind und daß der Gegen-

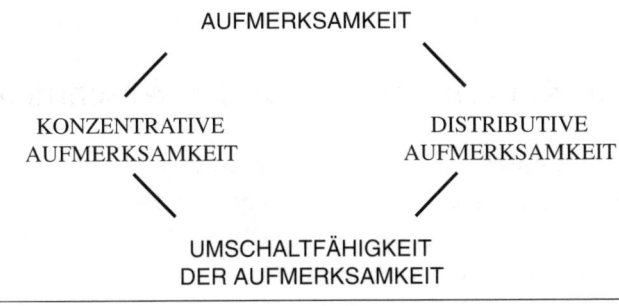

Abbildung 16: Konzentration

stand scharf angestrahlt wird. Die Strahlen werden auf das Objekt konzentriert. In diesem Fall bietet sich der Vergleich mit der konzentrativen Aufmerksamkeit oder einfach: der Konzentration an (vgl. Schubert 1981).

Aber die Taschenlampe kann auch anders eingestellt werden: nämlich so, daß zwar der Gegenstand im Blickfeld, aber auch dessen Umfeld beleuchtet ist. Das Objekt selbst wird in diesem Fall nicht mehr so intensiv angeleuchtet. Dies ist auch bei der verteilten Aufmerksamkeit oder Distribution der Fall. Generelles Wohlbefinden beispielsweise ist distributiv, der Gedanke an einen bestimmten Körperteil (z. B. Bizeps) ist hingegen konzentrativ.

Aufmerksamkeit kann nach außen oder innen gerichtet sein (vgl. Nideffer 1976). Wenn alle Gedanken eines Sportlers sich mit einer Knieverletzung beschäftigen, dann ist die Konzentration nach innen gerichtet. Ebenso ist es bei einem Absprung, bei dem sich der Sportler auf die Wadenmuskulatur konzentriert und sich um die optimale Druckbelastung sorgt. Er muß lernen, in seinem Körper Details zu unterscheiden, wie Spannung/Entspannung beim Sprint, auch in diesem Fall richtet er seine Aufmerksamkeit nach innen. Wenn sich der Manager vermehrt auf seinen Gesprächspartner fixiert, die an das Fenster klopfenden Regentropfen beobachtet oder voll und ganz auf die Worte seine Konkurrenten achtet, dann ist es hingegen nach außen gerichtete Konzentration.

Die Aufmerksamkeit läßt sich in vier Bereiche gliedern:
- nach außen eng ⇒ z. B. der Ball beim Fußballspiel
- nach außen weit ⇒ z. B. der Überblick über die gesamte Situation auf dem Fußballfeld
- nach innen eng ⇒ z. B. Konzentration auf bestimmte Muskeln, auf eine Verletzung
- nach innen weit ⇒ z. B. das Gesamtempfinden, die Frage nach dem gesamten Spannungsniveau

AUFMERKSAMKEIT		
	INNEN	AUSSEN
ENG	– bestimmte Muskelgruppe – bestimmte Körperhaltung	– Fußball, Gegner ... – Gesprächspartner, konkurrierender Geschäftsmann
WEIT	– Gesamtbefindlichkeit	– Positionen mehrerer Spieler, Gesamtsituation ... – Atmosphäre der gesamten Konferenz

Abbildung 17: Aufmerksamkeit

Umschalten heißt, flexibel handeln zu können

Entscheidend im Sport wie im Berufsleben ist die *Umschaltfähigkeit.* Der Sportler wie der Manager muß lernen, im richtigen Augenblick die Notwendigkeit einer Situation zu erkennen und dieser folgend den Blickwinkel der Aufmerksamkeit ändern zu können. Verharrt er zu lange in einem der oben erwähnten Aufmerksamkeitsbereiche, ergeben sich

Schwachpunkte: Er kann nicht mehr flexibel handeln, weil das Geschehen an ihm vorbeiläuft. Der Sportler kann beispielsweise viel zu lange auf einen Schwachpunkt, beispielsweise auf den Schmerz, fixiert sein. Er verliert den Blick für das Wesentliche, etwa für das Spielgeschehen, oder der Manager für den Diskussionsfortgang. Ein jugendlicher Fußballer ist auf das Stoppen des Balls konzentriert und verliert den Überblick über die Positionen seiner Mitspieler. Ein Manager verliert sich in Details und übergeht aus Konzentrationsmangel wichtige Einwände seiner Partner.

Im Streß verengt sich der Handlungsspielraum; die Umschaltfähigkeit ist stark reduziert. In dieser Situation handeln die Akteure immer so, wie sie gewohnt sind zu handeln und wie die Bewegungen automatisiert wurden (Verhaltensmuster) – ob sie nun angebracht sind oder nicht. Alte Fehler werden immer wieder gemacht.

Die Qualität der Aufmerksamkeit ist abhängig von der Fähigkeit, zum richtigen Zeitpunkt von »eng« auf »weit« umzuschalten. Die Umschaltfähigkeit ist aber auch deshalb wichtig, weil sie dazu beiträgt, mit der notwendigen körpereigenen Energie sparsamer umzugehen. Die Konzentration auf höchstem Niveau benötigt besonders viel Energie. Diese freigewordene Energie kann einerseits dazu beitragen, bestimmte Vorhaben zu verwirklichen, andererseits jedoch Schwachpunkte verstärken. Wenn zum Beispiel ein Judoka mit einer lädierten Schulter zum Kampf antritt, ist unter Streß die Gefahr groß, daß nur mehr an diesen Schwachpunkt gedacht wird. Wenn man an einen bestimmten Körperteil intensiv denkt, nimmt man diesen bewußter wahr – und plötzlich werden die Empfindungen viel sensibler. Der Sportler soll sich nicht gedanklich auf den lädierten Körperteil fixieren, sondern das positive Gesamtempfinden wahrnehmen. Der Unternehmer soll sich in der Besprechung nicht auf den Schwachpunkt in seiner Argumentation konzentrieren, sondern seine Aufmerksamkeit auf sein gutes Gesamtkonzept richten. Dies kostet weniger Nerven und mobilisiert Energie.

Konzentration ohne Um- oder Abschalten führt zu Müdigkeit; diese wirkt sich in der Folge auf Kondition, Technik und Koordination aus. Ganz wichtig ist, im Leistungssport und in verantwortungsvoller Position im Berufsleben, sich die Energie ökonomisch einzuteilen und die Pausen sinnvoll zur körperlichen und geistigen Regeneration zu nutzen. In diesen Pausen sollte man fähig sein, sich kurz und schnell zu entspannen. Die Aufmerksamkeit darf auf keinen Fall an vorangegangene Fehler verschwendet werden. Dies würde lediglich sinnlos vergeudete Energie bedeuten. Denn von der Energie hat man nur ein bestimmtes Maß zur Verfügung. So gesehen ist der menschliche Körper wie der Akku eines Handys: Wenn er leer ist, entstehen Fehler und Unterbrechungen in der Übertragung. Erst das Zuführen neuer Energie bringt den Akku wieder auf Touren.

Leistungssportler und Manager sollten während der Handlung möglichst im *Hier und Jetzt* verweilen. Dies ist nicht immer leicht zu realisieren und erfordert den Einsatz von Strategien. Denn oft wird an vorangegangene negative Erlebnisse wie auch an zukünftige negative Konsequenzen gedacht: Was kann denn im Fall eines Mißerfolgs alles passieren, mit meiner Karriere, mit meinem weiteren Saisonverlauf? Entscheidend ist, daß die Fokussierung der Aufmerksamkeit in den Handlungen intuitiv, also automatisch abläuft, ohne daß viel darüber nachgedacht werden muß. Das Gefühl/die Intuition soll entscheiden, warum der Akteur genau diesen Weg und keinen anderen einschlägt.

Grundsätzlich sollten Strategien (Handlungs-, Verhaltenspläne) in der Wettkampf*vorbereitung* – und nicht während des Wettkampfs – mental durchgespielt werden, wobei Erfahrungen und mögliche Konsequenzen miteinbezogen werden. Ebenso müssen grundlegende Entscheidungen getroffen werden, die in der Wettkampfstrategie ihren Niederschlag finden. In keinen sportlichen Wettbewerb, in keine wichtige Diskussionsrunde sollte der Akteur eintreten und sich sagen: schauen wir mal, was passiert. Dem Gefühl Handlungsspielraum zu lassen und dem Gefühl zu vertrauen, soll nicht bedeuten, auf eine angemessene strategisch-taktische Vorbereitung zu verzichten.

Umschalttechniken
zur Konzentrationssteigerung

☞ *Übung 1*

Schauen Sie sich ein Landschaftsbild sehr genau an, achten Sie dabei auf die Motive, die Farben, die dargestellten Personen, die auf dem Bild zu sehen sind. Versuchen Sie nun, das Bild in seiner Gesamtheit zu erfassen. Anschließend wählen Sie ein Objekt aus, das Sie fokussieren. Richten Sie nun Ihre gesamte Energie auf dieses Objekt, und versuchen Sie dabei, für zehn Sekunden an nichts anderes zu denken und nichts anderes wahrzunehmen. Anschließend verteilen Sie Ihre Aufmerksamkeit, und betrachten Sie dieses Bild wieder in seiner Gesamtheit. Während Sie es betrachten, versuchen Sie sich auf Ihre Atmung zu konzentrieren. Im Anschluß daran konzentrieren Sie sich wieder auf das Objekt, und beobachten Sie dabei Ihr körperliches Gesamtempfinden. Abschließend betrachten Sie das Bild nochmals in seiner Gesamtheit.

☞ *Übung 2*

Wenn Sie diese Übung beherrschen, können Sie versuchen, gleichzeitig mehrere Reize wahrzunehmen und bewußt von »eng« nach »weit« und von »innen« nach »außen« zu wechseln. Ein Beispiel dafür ist, akustische Geräusche wahrzunehmen, mit einem Gegenstand zu spielen und gleichzeitig optische Reize zu erfassen: beispielsweise eine Seite eines Buches lesen, mit einem Tennisball hantieren und das Wesentliche eines Gesprächs mitverfolgen.

☞ *Übung 3a*

Damit Ihre Gedanken bei motorischen Handlungen nicht abschweifen und Sie nicht an Konzentration verlieren, sollten Sie Ihre Handlungen mit einem Kürzel zu unterstützen versuchen. Denn dann bleiben Sie mit Ihren Gedanken bei eben diesem Kürzel und nicht irgendwo anders. Gleichzeitig werden Sie dadurch an etwas besonders Wichtiges in Ihrer Handlung erinnert. Unwesentliche Informationen und Reize, die unser Gehirn unnötig belasten, werden dadurch vom Verarbeitungsprozeß ferngehalten. Dieses Kürzel kann beispielsweise »VOR« beim Skifahrer (minimiert die Gefahr der Rückenlage) und Schwimmer (Konzentration auf die richtige Technik beim Delphinschwimmen) heißen, oder »STEMM« beim Speerwerfer, bei dem das Stemmbein das notwendige Widerlager für die optimale Wurfübertragung bilden soll.

☞ *Übung 3b*

Jeder Manager muß sich für eine Verhandlung, für ein Gespräch, ein inhaltliches Konzept zurechtlegen. Um die wesentlichen Punkte auch verbal differenziert ausdrücken zu können, sollte er für diese Inhalte in geeigneter Reihenfolge Schlagworte finden und sich einprägen. In einem weiteren Schritt werden die Schlagworte zu Kürzeln reduziert. Ein roter Faden bildet sich und hilft auf diese Art und Weise, bei ablenkenden Faktoren und unvorhersehbaren Situationen leichter zum Hauptanliegen zurückzufinden. Gleichzeitig kann der Manager in seiner Konzentration umschalten von außen (gestisch-mimisches Verhalten des Verhandlungspartners) auf innen (Durchziehen des eigenen roten Fadens).

7 Vorstellungstraining zur Handlungsoptimierung

Beim Vorstellungstraining geht es prinzipiell darum, sich mit einer Handlung *mental* zu beschäftigen und diese zu *optimieren*. Sowohl der Sportler, der an seiner Technik arbeitet, als auch der Manager, der an seine nächste Diskussionsrunde und seine nächsten Handlungsstrategien denkt, sollten ihre Vorgangsweisen und Strategien gedanklich durchspielen und geistig festigen. Dadurch kann man sich besser auf die kommende Herausforderung mit all ihren Problemstellungen einstellen.

Vorstellungstraining – aber wie?

Die Durchführung des Vorstellungstrainings sollte nach folgenden Punkten erfolgen:

 Entwicklung einer schriftlich niedergeschriebenen persönlichen Bewegungsvorschrift

 Bewegungsvorschrift (Kurzfassung) durch Selbstgespräche auswendig lernen

 Knotenpunkte festlegen

 Gefühlhaft-rhythmische Kodierung

Abbildung 18: Vorstellungstraining

In einem ersten Schritt soll der Akteur seinen Bewegungsablauf mit allen Details gedanklich durchgehen und auch
laut vor sich hersagen. Dann soll er dieses vorgesehene
Schema quasi in Aufsatzform schriftlich formulieren. Diese
Bewegungsanleitung wird nun zusammengefaßt (Kurzfassung) und auswendig gelernt. Anschließend soll er die wesentlichen Punkten herauspicken (Knotenpunkte) und zum
Bewegungsablauf rhythmisch sprechen. In einem weiteren
Schritt wird die Bewegung auf ein bis zwei *Kürzel* reduziert
und die Handlung im Wettkampftempo rhythmisch unterstützt.

Sehr gut eignen sich für die Vorstellung auch Verstärker
wie *Metaphern,* die die Gefühlsebene ansprechen und Erinnerungen und Erfahrungen reaktivieren, an die angeknüpft
werden kann. Für den Sprinter kann eine Metapher beispielsweise heißen: »Explodiere am Start wie eine gespannte
Sprungfeder beim Lösen«. Ein Diskuswerfer wiederum

71

kann sich lebhaft eine Aufforderung vorstellen die lautet »Blockiere wie eine Tür, die gegen den Türstock geschmettert wird und so abrupt abgestoppt wird«. Für diesen Vorgang hat sich der Werfer das Kürzel »BLOCK« ausgewählt.

Auch für den Manager gilt: Kein Vorstellungstraining ohne Leitbild: Er braucht eine klare Zielvorstellung, was er in der anstehenden Verhandlungsrunde oder Diskussion erreichen möchte. Ausgehend von dieser Zielstellung sollen die einzelnen Phasen niedergeschrieben und definiert werden – Punkt für Punkt und in der richtigen Reihenfolge.

In einem zweiten Schritt sollen die Inhalte der einzelnen Phasen auf Schlagworte reduziert werden. Wenn diese dann ausgesprochen werden, muß sich der Manager deren Bedeutung möglichst lebhaft vorstellen. Besonders gut eignet es sich deshalb, mit den Schlagworten gefühlsorientierte Metaphern zu verbinden. Der Manager, der den Kernpunkt seines Gesprächs überzeugend und selbstkompetent vorzutragen hat, der aber gleichzeitig auch weiß, daß die Inhalte schwer zu vermitteln sind oder schwerlich auf Akzeptanz stoßen, kann beispielsweise mit dem Kürzel »STRONG« (STARK) die Metapher vom Felsen wählen. Der Fels steht für Sicherheit, Standfestigkeit, Unverrückbarkeit. Er ist stabil, und die Metapher kann die emotionale Stabilität sichern. Doch es reicht nicht, halbherzig an irgendeinen Felsen zu denken. Der Akteur muß seinen persönlichen Felsen lebhaft vor Augen haben, ob er nun in der Brandung oder im Hochgebirge steht. Die Metapher muß verinnerlicht sein, jederzeit mit der Vorstellung abrufbar: »Ich bin stark und sicher wie der Fels in der Brandung.«

Das Vorstellungstraining am Beispiel eines Judoka

Der technische Ablauf eines Judo-Wurfs wird auf die fünf wesentlichen Punkte zusammengefaßt. Beim Hüftwurf (Harai Goshi) sind dies der Gleichgewichtsbruch, der Körperkontakt, das Schwingen des Beines, der Hüfteinsatz und die Körperrotation.

Dieser Wurf ist insofern schwierig auszuführen, da der Werfende sein Gleichgewicht auf einem Bein halten muß, während er in Aktion ist. Zuallererst muß der Werfende danach trachten, den Schwerpunkt des Gegners richtig zu verlagern. Führt er die Technik auf der rechten Seite aus, muß sein Konkurrent dessen rechtes Bein belasten, also im Begriff sein, mit dem linken nach vorne zu ziehen. Dann zieht der Handelnde mit seiner linken Hand, die den Ärmel der Jacke des Gegners hält, seinen Widersacher nach links oben. Mit seiner rechten Hand am Jackenrevers des Gegners drückt er nach links *(Gleichgewichtsbruch)*.

Der *Körperkontakt* entsteht, indem der Werfende die Position wechselt. Er setzt seinen rechten Fußballen diagonal zum rechten Fuß des Gegners auf und dreht ihn dann nach links ein. Zugleich führt er seinen linken Fuß in kleinem Bogen um den rechten herum. Nun steht er mit seinem Rücken zum Gegner. Da er ihn aber mit den Händen zu sich gezogen hat, ist dieser an seiner Hinterseite quasi fixiert.

Das linke Bein – das Standbein also – des Handelnden bildet in der Kniekehle einen leichten Winkel, ist gebeugt. Wenn nun der eigentliche Wurf beginnt, nutzt der Aktive sein rechtes Bein wie ein Pendel: Er holt nach vorne aus, schwingt es knapp unterhalb des Knies gegen das rechte Bein des Gegners und zieht es voll nach hinten durch *(Schwingen des Beins)*. Vollendet wird der Wurf durch Strecken des linken Beins.

Aber nicht die Aktion des schwingenden Beins ist für das Gelingen des Wurfs entscheidend, sondern das Drehen der Hüfte *(Hüfteinsatz)* und die Verwringung des Oberkörpers des Werfenden nach links *(Körperrotation).* Beim Harai Goshi kommen somit die Prinzipien Drehen und Anheben zur Wirkung.

Für die obengenannten fünf wesentlichen Punkte soll der Sportler nun fünf Kürzel entwickeln.

Er nennt den Gleichgewichtsbruch »GLEI«,
den Körperkontakt »KOR«,
den Schwung des Beines »SCHWI«,
den Hüfteinsatz »HÜ«
und die Körperrotation »ROT«.

Nun imitiert er die Bewegung langsam und spricht die vollständigen Worte dazu, in einem weiteren Schritt dann nur mehr die Abkürzungen. Dann sucht der Judoka für die gesamte Bewegung ein einziges Kürzel und versucht, dieses an den Rhythmus der Bewegung anzupassen. Während der Ausführung des Bewegungsablaufs wird dieser beispielsweise durch das Kürzel »HA-RAI« unterstützt. Dies soll er im Training verinnerlichen.

☞ *Das Videotraining*

Besonders günstig auf das Vorstellungstraining wirkt sich auch das Videotraining aus. Ein Judoka soll sich eine Videoaufzeichnung seines Vorbilds als nachahmenswertes Modell ansehen, wo es gerade den zu übenden Wurf ausführt. Allerdings sollten lediglich Modelle gewählt werden, die in Charakteristik, Körperstatur, Persönlichkeit dem Judoka entgegenkommen und ähnlich sind. Während die gewünschte Bewegung betrachtet wird, sollen die Kürzel innerlich vorgesprochen werden. Beim Betrachten sollen die Augen nach und nach geschlossen werden, so lange, bis auch die zeitliche und dynamische Struktur der Bewegung verinnerlicht ist. Schließlich sollte die Vorstellung soweit verinnerlicht werden, daß sich der Beobachter in der Rolle des Handelnden sieht und nicht in jener des Zuschauers.

Die höchste Stufe des ideomotorischen Trainings besteht darin, sich die Bewegung von der Innenperspektive lebhaft vorstellen zu können. Dabei werden die Sinnesorgane aktiviert. Die Vorstellung kann dabei durch die Imitation der Bewegung unterstützt werden.

Beim Schattenboxen beispielsweise stellt sich der Athlet ganz konkret vor, wo der Gegner steht, was er gerade macht, wie groß und schwer er ist. Die Vorstellung vom Gegner sollte einige Variationen beinhalten. Denn ansonsten könnte man überrascht sein, im Ring, auf der Judomatte, auf der Fechtplanche einen zu kleinen, schweren, großen, leichten, langsam-bedächtigen, schnell-spritzigen Konkurrenten anzutreffen.

Vorstellungstraining – was bringt's?

Im Training und auch Wettkampf soll sich der Sportler seine Übungen vorher bereits vorstellen (*Preplay*) und mental auf die Handlung einstimmen und nach seiner Aktion (*Realisation*) im *Replay* bestimmte Schwächen der tatsächlich ausgeführten Handlung in der Vorstellung ausmerzen, dabei auch Korrekturen von außen miteinbeziehen. Erst jetzt ist der Sportler wieder bereit für den nächsten Versuch oder die neue Handlung. – Dasselbe Prinzip ist auch auf den Manager und seine beruflichen Aktionen zu übertragen.

☞ Bewegungen können über mentales Training schneller erlernt und umgelernt werden.

☞ Nach längeren Unterbrechungen kam man über das mentale Training einen schnelleren Einstieg in das Techniktraining schaffen, denn das Gefühl für die Bewegung kann länger konserviert werden.

☞ Mit mentalem Training kann man Übungsversuche deutlich erhöhen: In der Realität ist es ein einziger Versuch, mit Pre- und Replay aber drei. Dies ist in vielen Sportarten, wo der konditionelle Faktor eine große Rolle spielt, sehr wichtig. Ein Wasserspringer beispielsweise kann aus acht bis zehn wettkampfnahen Versuchen vierundzwanzig bis dreißig machen.

☞ Durch mentales Training kann man sich auf den Wettkampf einstimmen und in den optimalen Leistungszustand hineinmanövrieren.

☞ Mentales Training ist nicht ortsgebunden und weitgehend materialunabhängig und kann somit jederzeit durchgeführt werden.

☞ Ein weiterer Vorteil dieser Technik ist, daß die Gedanken dadurch auf die Handlung konzentriert sind und nicht so leicht abschweifen können.

☞ Weiters hat der Sportler dadurch die Möglichkeit, sich auf einen Punkt, der bislang immer seinen Schwachpunkt dargestellt hat, besonders zu konzentrieren.

Wenn in der Vorstellung der Ablauf einer Aktion fehlerhaft ist, soll sich der Akteur nicht den Fehler vorstellen und hoffen, daß er endlich verschwinde, sondern er soll sich in sein Ruhebild begeben und das mentale Training verschieben – oder aber den Fehler in der Vorstellung einfach zulassen. Das müßte er dann jedoch bis zum Ende durchspielen. Denn es soll keine Flucht, keine Verdrängung geben. Probleme und Situationen gehören durchgespielt – so lange, bis sie sachlich bewertet werden können.

8 Fehlerhaftes Verhalten
in den Griff bekommen

Ein Hauptproblem bei vielen Sportlern ist, daß sie ihr Verhalten sowohl in der Vorbereitung als auch beim Wettkampf selbst von der Wertigkeit der Wettkämpfe abhängig machen. Ein Hürdenläufer von nationalem Spitzenniveau hat beispielsweise bei einem weniger bedeutsamen kleinen Abendmeeting ein völlig anderes Erregungsniveau und deshalb auch ein anderes technisches Verhalten als bei wichtigeren Landesmeisterschaften oder nationalen Titelkämpfen oder internationalen Einsätzen.

Bewertet ein Sportler ein Rennen als »leicht« und »lokker«, laufen die physiologischen und psychologischen Prozesse häufig ökonomisch ab, er ist insgesamt ruhiger; auch sein muskuläres Zusammenspiel ist deshalb anders. Der Erwartungsdruck ist geringer als bei internationalen Starts, wo er sich als »Außenseiter« in Szene setzen möchte. Videoanalysen haben zudem ergeben, daß bei unterschiedlicher Bewertung auch das technische Bewegungsverhalten abweicht. Das heißt, die Stabilität der optimalen Technik des Sportlers kann nicht erreicht werden. Eine Technik kann erst dann als stabil betrachtet werden, wenn sie immer wieder auf der gedanklichen, physiologischen und motorischen Ebene trainiert wird. Der Sportler darf nicht zwischen »leichten« und

»schwierigen« Wettkämpfen unterscheiden, da sonst die an den Tag gelegte Technik lediglich den Wert eines Zufallsprodukts hat. Das setzt voraus, daß der Athlet sein Vorbereitungsritual, abgestimmt auf die jeweilige Situation und Tagesverfassung, bei *allen* Wettkämpfen anwendet.

Bei Beobachtungen war auffällig, daß Skirennläufer aus dem Europacup-Team wettkampfnahes Training (Zeitläufe) häufig ohne spezielle Vorbereitung in Angriff nahmen. Es wurde bis zum Start gescherzt und geplaudert – Verhaltensweisen, die mit der Startvorbereitung nichts zu tun haben und die sich später als Verfehlungen herausstellten.

Szenenwechsel: Nach den Erfolgen im Europacup wechselt der Star dieser Rennserie in den Weltcup. Dort kann er jedoch nicht mehr so locker agieren, da er nicht jenen Rang innehat, den er im Europacup hatte. Er steht unter Druck, wird von Versagensängsten geplagt. Er muß nun mit einer völlig anderen Situation fertigwerden. Wenn er aber lernt, ein stabiles, gleichmäßiges Verhaltenstraining als Startvorbereitung durchzuführen, dann erhöht sich die Wahrscheinlichkeit, daß sich ein bestimmtes gewünschtes Bewegungsmuster im Gehirn einschleift. Es kann zur Vorbereitung ständig, auch unter variierenden Bedingungen abgerufen werden. Optimale Vorbereitung und Einstellung führen zu optimalem Vorstartzustand, der die Grundlage einer bestmöglichen Technik bietet.

Sportler, die zum ersten Mal an Großwettkämpfen teilnehmen, beschäftigen sich mehr mit der Beobachtung ihrer Konkurrenten. Diese werden gern überschätzt, während sich die »Neulinge« selbst unterbewerten. Die dadurch nach außen gerichtete Aufmerksamkeit verschwendet Energie und muß wieder nach innen verlagert werden. Der Sportler muß sich selbst aufbauen und an seinem Vorbereitungsritual festhalten. Verändert sich dabei etwas, ändert sich die Grundstimmung, und dann ändert sich auch die Technik.

Mentale Tricks in der Vorbereitung

Wer bei kleinen Wettbewerben immer der Dominierende ist, bleibt locker und gelassen; bei Großereignissen hingegen wird er unsicher, weil er sich in ungewohnter Rolle wiederfindet. Hilflosigkeit entsteht. Wenn diese sich breitmacht und die Oberhand gewinnt, werden die Leistungen unter den Erwartungen liegen. Mit einer Vorbereitungsstrategie kann der Sportler dem entgegenwirken. Der mentale »Trick« ist jedoch, bereits kleine Aufbauwettkämpfe geistig wie Höhepunkte zu bewerten und durchzuspielen. Der Sportler soll sich die Weltbesten seiner Disziplin neben sich laufend vorstellen, an eine große Arena mit vielen Zuschauern denken. Aber Achtung: Die Mobilisation sämtlicher biologischer und psychologischer Ebenen ist nicht immer empfehlenswert. Denn das kostet mentale Kraft, und im Lauf des Sportjahrs kann es dadurch zu einer Überlastung der psychologischen Energieeinsätze kommen.

Was für den Athleten gilt, gilt auch für den Manager. Dieser ist in vertrautem Kreis lockerer als in ungewohnter Runde, in der vielleicht auch ranghöhere Persönlichkeiten sitzen. Er verkrampft, wird schüchtern. Er muß sich für diese Fälle ein Verhaltensschema zurechtlegen, das er auch im Freundeskreis austesten kann. Das Schema muß verinnerlicht und automatisiert werden für entscheidende Gespräche (vgl. Kap. 9 zur Selbstanalyse).

Erschwerte Trainingsbedingungen
als Herausforderung

Der Sportler muß lernen, seine eigene Leistungsfähigkeit richtig einschätzen zu können. Bei Trainingseinheiten, die diesen Zweck verfolgen, können Ziele und Vorgaben mit dem Trainer vereinbart werden, die erreicht werden sollten (vgl. Frester u. Wörz 1997; Eberspächer 1990).

Der Golfspieler beispielsweise erhält zehn Versuche, um aus einer gewissen Distanz einzuputten. Nun wird mit dem Trainer vereinbart, wieviele von diesen Versuchen erfolgreich abgeschlossen werden. Der Sportler lernt dabei, sich selbst einzuschätzen, und gibt eine Zahl an, zum Beispiel fünf Puts. Der Trainer, der die Leistungsstärke seines Schützlings besser kennt, soll nun sachlich bewerten, ob sich der Sportler über- oder unterschätzt. Nach Absprache kann die Anzahl der zu gelingenden Versuche nach oben oder unten korrigiert werden. Im Anschluß daran wird vereinbart, welche Auflagen der Sportler bei nicht Erreichen des gesteckten Ziels erfüllen muß. Auch diese Konsequenzen sollen nutzbringend gewählt werden (beispielsweise Behebung bestimmter Defizite des Sportlers) und keine sinnlose Bestrafung darstellen. Dennoch sollte sie für den Athleten einen eher unangenehmen Charakter haben. Beispielsweise könnte der Golfer so oft von vorn anfangen, bis er die fünf Puts erreicht hat; oder er könnte ein aerobes Ausdauertraining durchführen zur Verbesserung seiner Regenerations- und Konzentrationsfähigkeit.

Der Sportler soll auch selbst Vorschläge machen für Auflagen oder Entbehrungen, die er bei Nichterreichen seines Trainingsziels auf sich nimmt: etwa Verzicht auf abendliches Fortgehen mit Freunden, Verzicht auf einen Kinobesuch.

Mit diesen Auflagen wird der Golfer vermehrt unter Druck gesetzt. Sein Spannungsniveau steigt, die Gedanken beginnen zu kreisen (Grübelkreislauf), auch sein Verhalten kommt vergleichbaren Extremsituationen in Wettkämpfen näher: Es wird vermehrt Maß genommen, die Imitationsübungen nehmen zu.

Eine andere Trainingsart, bei der ebenfalls Konsequenzen bei Nichterreichen des Ziels ausgesprochen werden, setzt den Sportler noch mehr unter Druck: Ihm wird während der Übungen ein einziger Schlag aus einer gewissen Distanz, aus einer gewissen Situation heraus, zugestanden. Dieser Schlag muß innerhalb einer gewissen Zeit, einer Minute beispielsweise, durchgeführt werden. Die Auflage lautet, den Ball auf das Green zu spielen. Diese eine Aktion soll als die alles entscheidende des Trainings bewertet werden. Sollte sie nicht von Erfolg gekrönt sein, gibt es Konsequenzen (siehe oben).

Ein weiteres Beispiel: Ein Diskuswerfer hat die Auflage, in einer Stunde, um zehn Uhr (die gleiche Zeit wie bei der Qualifikation bei Großveranstaltungen), einen Wurf über die Qualifikationsweite von 58 Metern zu setzen. Seine Vorbereitungen dazu sollten den gleichen Rhythmus haben wie im Wettkampf selbst. Gelingt ihm sein Vorhaben, kann er als psychisch und physisch reif für dieses Großereignis angesehen werden. Gelingt es nicht, gibt es Konsequenzen, oder der Leichtathlet wird als noch nicht reif für diesen Wettkampf eingestuft nach Hause geschickt mit der Feststellung: Das Trainingsziel wurde verfehlt. Er hat nun die Möglichkeit, diese Niederlage mental zu verarbeiten, und kann sich überlegen, wo er selbst Schwächen sieht, an denen er noch arbeiten muß. Auch die Verarbeitung von Niederlagen muß im Training geschult werden; damit soll der Athlet lernen, mit Enttäuschungen bei Wettkämpfen umzugehen, sie sachlich zu bewerten, sie für kommende Aufgaben zu nutzen und aus dabei entstandenen Fehlern zu lernen.

Eine weitere Verschärfung der Trainingsformen unter psychischer Belastung ist zu erreichen, indem der angegebene Zeitpunkt wie im Beispiel oben (10 Uhr) verzögert wird. Der Sportler möchte jetzt werfen, darf aber nicht. Unruhe und Ärger können sich breitmachen. Der Diskuswerfer erfährt auch nicht, welche Ursache diese Verzögerung hat und wie lange sie dauern wird. Er muß lernen, sich zu beruhigen, sich mit der neuen Situation abzufinden, entspannend Energie zu sammeln. Viele Athleten verlieren den Rhythmus und versagen immer dann, wenn ihre Wettkämpfe verzögert oder unterbrochen werden. Die beschriebene Trainingsform soll den Sportler darauf vorbereiten, mit Unterbrechungen umzugehen.

Grundsätzlich sollte der Sportler über die Bedeutung solcher Trainingsformen vom Trainer informiert werden, da ansonsten die Gefahr besteht, daß er sich verschaukelt vorkommt und die Trainer-Sportler-Beziehung dadurch gefährdet werden könnte.

Training unter Störfaktoren

Häufig lassen sich Sportler oder Manager zu schnell aus der Fassung bringen. Dies kann geschehen durch unbeeinflußbare Tatsachen, zum Beispiel die Zuteilung der Innenbahn beim 400-Meter-Lauf, drehender Wind beim Skispringen, aber auch durch Zuschauerrufe, Lärm bei Diskussionen oder eine störende Geräuschkulisse während eines Vortrags. In allen Fällen werden Denkprozesse, meist in Form von Grübelkreisläufen, ausgelöst, die inneres Abschreiben der Handlung zur Folge haben. Sportler sollten im Training erschwerte Bedingungen vermehrt aufsuchen und sie als Herausforderung betrachten, nicht als Belastung. Dadurch entsteht die Sicherheit, die eventuellen Störfaktoren als bereits vertraut zu betrachten.

Störfaktoren können vom Trainer beispielsweise durch akustische Reize (zurufen, sprechen) jederzeit in das Training miteingebracht werden. In der Wettkampfvorbereitung und beim Ausüben des Wettkampfs soll der Athlet diesen Störfaktoren keine Bedeutung mehr beimessen. Sein Bewegungsablauf soll intuitiv, automatisiert, rhythmisch und in einem tranceähnlichen Zustand verlaufen.

Beispiele, um bereits automatisierte Handlungsabläufe auch gegen äußere Einflüsse zu stabilisieren:

Der Golfspieler kann während der Ausholbewegung durch Zurufe und Sprechen irritiert werden. Während sich der Spieler vorbereitet, können Problembereiche wie Schule, Familie, Freundin angesprochen werden. Dem Sportler kann man unmittelbar vor der Ausholbewegung noch eine Denkaufgabe geben (Telefonnummer merken, Kopfrechnung durchführen), die er nach dem Schlag gelöst haben muß. Der Sportler darf während der Handlung nicht berührt oder körperlich behindert werden. Die Übung darf nur durchgeführt werden, wenn die Bewegungshandlung bereits automatisiert ist und wenn der Sportler mit dieser Übungsform auch einverstanden ist.

Wie oft geschieht es, daß ein Vortrag bestens vorbereitet wird, daß Inhalte stimmen, Gestik und Mimik abgestimmt sind – und dann das: Unvorhergesehene Störfaktoren hemmen den Fluß des Redners, und die gemachte Arbeit erweist sich fast als unnütz.

Damit dies nicht vorkommt, ist ein Training gegen akustische und optische Störfaktoren notwendig. Das soll wie folgt aussehen:

Ein Freund fungiert als »Trainingspartner«. Während der Redner seinen Vortrag probeweise wiedergibt, versucht der Partner ihn (wie abgesprochen) akustisch und optisch in unregelmäßigen Abständen abzulenken: durch Zwischenrufe, Pfiffe, Fragen, lautes Lesen. Er kann ihn auch optisch irritieren, durch Gestik und Mimik, durch Aufstehen, kurzes Verlassen des Raums und so weiter. Wann der Trainingspartner was macht, darf jedoch zuvor nicht definiert worden sein. Die Aufgabe des Vortragenden ist es, sich nicht aus der Fassung bringen zu lassen, den roten Faden nicht zu verlieren und sein Referat möglichst problemlos bis zum Ende durchzuziehen.

Eine weitere Trainingsvariante ist, daß der Akteur vor dem Vortrag einige Fragen gestellt bekommt, die er unmittelbar nach dem Ende seiner Ausführungen zu beantworten hat. Dadurch lernt er, für das Referat abzuschalten und resistent gegen mentale Störfaktoren zu werden. Unwesentliche, das heißt nicht zum Thema gehörende Fragen und Provokationen beeinflussen somit nicht mehr das Wesentliche, den Vortrag.

Als Übung kann der Redner während seiner Vorbereitungen im Radio Nachrichten hören; im Anschluß an sein Referat muß er die wichtigsten Inhalte der Sendung wiedergeben.

Grundsätzlich gilt, um gegen Störfaktoren widerstandsfähig zu werden: störanfällige Situationen müssen aufgesucht und nicht vermieden werden, damit es zu einem Gewöhnungseffekt kommt.

9 Die Pause zum Auftanken nutzen

Wie gestalte ich meine Pausen während der einzelnen Wettkämpfe, Durchgänge, Spiele, Versuche? Was mache ich zwischen dem einen und anderen Konferenzblock? Fragen, die bedeutsam sind und über die Leistung im weiteren Tagesverlauf entscheiden. Das Prinzip ist sowohl im Sport als auch im Arbeitsleben dasselbe: Nach einem Höhepunkt soll es zu einer vernünftigen Regeneration kommen, die auf den nächsten Höhepunkt vorbereitet.

Das Verhalten nach Leistungshöhepunkten sollte sich nach folgendem Schema abspielen.

Gleich nach erbrachter Leistung sollten Sportler und Manager lernen, sich kurzfristig zu *entspannen,* zu *beruhigen* und abzuwarten, bis die *innere Verarbeitung* der gerade vollbrachten Leistung beendet ist. Im Sport ist das ökonomische Haushalten des Athleten mit seiner Energie entscheidend. Die Dauer dieser Beruhigungs- und Entspannungsphase hängt je nach der zur Verfügung stehenden Pause ab.

Wenn er locker ist, kann im zweiten Schritt die *Selbstanalyse* erfolgen. In dieser sollen durchaus Trainer-Informationen beziehungsweise Feedbacks von Arbeitskollegen kritisch und sachlich aufgenommen werden.

In einem dritten Schritt soll die Information beziehungs-

PAUSENVERHALTEN

①

Beruhigung

➤ entspannen, erholen

②

Selbstanalyse

➤ Fehleranalyse (Stärkenanalyse)
➤ Informationen, Korrekturen einbeziehen

③

Verinnerlichung

➤ gewünschtes Verhalten imitieren

④

Aktivierung

➤ einstimmen auf die neue Handlung

Abbildung 19: Pausennutzung (vgl. Frester u. Wörz 1997)

weise die Analyse in einer *neuen Strategie* verarbeitet werden. Diese Phase dient der *Verinnerlichung.* Wichtig ist, sich mental vorzustellen, was man besser machen kann, und die neue Strategie geistig durchzuspielen. Imitationsübungen können dabei die Vorbereitung unterstützen.

In einem vierten Schritt sollte man sich auf die nächste Herausforderung einstimmen und sich erneut vorbereiten – sich psychisch wie physisch aktivieren, um das *optimale Spannungsniveau einzuregulieren.*

Diese vier Schritte sollten als Verhaltenskonzept zur Pausenoptimierung in den verschiedensten Lebens- beziehungsweise Berufsbereichen stets abrufbar sein.

Beachte: Ärger verbraucht Energie! Und man ermüdet schneller.

Die wertvolle, oft kurze Pausenzeit (Volleyball-Timeout, Wartezeit zwischen einzelnen Hochsprungversuchen, Ball im Aus beim Fußball, Konferenzunterbrechungen, Abweichungen vom Thema bei Versammlungen usw.) soll nicht durch vorhandenen, vielleicht aufgestauten Ärger ruiniert werden. Pausen sollen genutzt werden, um das Erregungsniveau zu senken.

Sie sollen keine Informationsflut über sich ergehen lassen – von innen nicht, von außen nicht –, ohne sich beruhigt zu haben. Zuerst müssen Sie ruhig werden, indem Sie beispielsweise das Ruhebild aufrufen. Dann kann die Aufmerksamkeit auf ein oder zwei wesentliche Korrekturen fokussiert und konzentriert werden.

Wichtig ist, in der Pause aktiv zu bleiben. Ein Grundniveau der Anspannung muß erhalten bleiben.

10 Analysiere dich selbst

Für Sportler und Manager kann es sehr hilfreich sein, wenn die aktuelle Problemsituation nach einen bestimmten Schema aufgeschlüsselt wird. Besonders gut eignet sich dafür das Modell S-M-R-K.

S steht für die problemauslösende **S**ituation, Die Bewertung dieser problemauslösenden Situation wird beeinflußt

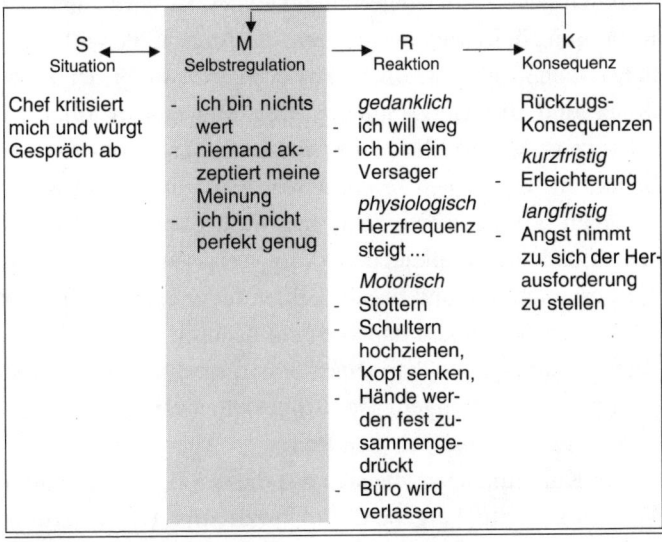

S Situation	M Selbstregulation	R Reaktion	K Konsequenz
Chef kritisiert mich und würgt Gespräch ab	- ich bin nichts wert - niemand akzeptiert meine Meinung - ich bin nicht perfekt genug	*gedanklich* - ich will weg - ich bin ein Versager *physiologisch* - Herzfrequenz steigt ... *Motorisch* - Stottern - Schultern hochziehen, - Kopf senken, - Hände werden fest zusammengedrückt - Büro wird verlassen	Rückzugs-Konsequenzen *kurzfristig* - Erleichterung *langfristig* - Angst nimmt zu, sich der Herausforderung zu stellen

Abbildung 20: Beispiel für die Anwendung des SMRK-Modells

vom **M**echanismus der Selbstregulation. Darunter versteht man die Einstellung, die Erfahrung, die Erziehung des Sportlers oder des Managers. Die Situation, beeinflußt von diesem Mechanismus, ergibt eine **R**eaktion des Athleten. Diese Reaktion äußert sich auf drei Ebenen: gedanklich, physiologisch, motorisch. Auf die Reaktion erfolgen immer **K**onsequenzen, das heißt unangenehme oder angenehme Folgeerscheinungen. Konsequenzen können lang- oder kurzfristig sein.

Wenn ein Angestellter beim Chef vorspricht, um eine innovative Idee vorzubringen, diese aber vom Vorgesetzten kritisiert oder abgewürgt wird, beginnt häufig ein negativer Bewertungskreislauf. Man erinnert sich, bewußt oder unbewußt, wie oft in der Vergangenheit schon diese oder ähnliche Erfahrungen gemacht worden sind. Wie oft wurde ihm klargemacht, nur etwas wert zu sein, wenn man erfolgreich ist.

Dieser Selbstregulationsprozeß führt zur Reaktion: Gedanklich habe ich wieder einmal versagt. Es wird sogar die Kündigung in Erwägung gezogen, der Angestellte will möglichst schnell weg von hier. Physiologisch steigt der Blutdruck und die Herzfrequenz. Der Manager beginnt zu schwitzen. Motorisch zieht er in diesen Augenblicken die Schultern nach oben, senkt seinen Kopf und wirkt angeschlagen. Am liebsten möchte er den Chef anfahren und anschließend türenknallend den Raum verlassen. Tut er es, reagiert er emotional und begeht Fehler, tut er es nicht, frißt er die Wut in sich hinein und versucht dadurch, seine eigentlichen Gefühle gegenüber seines höhergestellten Gesprächspartners zu verdrängen. Der Angestellte verläßt nun enttäuscht und verunsichert den Raum.

Die Konsequenzen, die sich aus diesem Fluchtverhalten-Vermeidungsritual ergeben, sind kurzfristige Erleichterung, weil die Situation gedanklich und körperlich verlassen wurde. Langfristig entsteht noch mehr Angst, sich zukünftigen Herausforderungen zu stellen. Aber der Rückzug, die Enttäuschung, die durch den Vorgesetzten hervorgerufen wurde, dürfen nicht der Weisheit letzter Schluß sein. So sollte man langfristig an sich arbeiten und lernen strategisch vorzugehen, die eigene Kritikfähigkeit zu verbessern, andere Argumente und Mittel zu finden, um den Vorgesetzten zu überzeugen.

Ein neues Verhalten durch Umbewertung

Die unangenehme Sachlage des Angestellten muß von ihm selbst *gedanklich umbewertet* werden. Das Problem des uneinsichtigen und blockierenden Chefs soll als Herausforderung betrachtet werden. Der Angestellte versucht sich nun in die Gedanken und Strategien des Vorgesetzten hineinzuversetzen. Wenn die Motive des Abteilungsleiters, des Chefs, des Geschäftsführers verstanden werden, sieht man deren Verhalten nicht als gegen die eigene Person gerichtet. So kann die Handlungsweise des Chefs sachlicher und mit der notwendigen Distanz betrachtet werden. Gelingt es nun, die Emotionen weitgehend zu kontrollieren, ist der Angestellte in der Lage, firmendienliche Strategien so zu präsentieren und zu »verkaufen«, daß sie für den Vorgesetzten akzeptabel sind.

Gedanklich soll nun ein Verhaltensplan zurechtgelegt werden, in dem berücksichtigt werden muß, daß die Idee für den Chef und für die Firma nutzbringend ist. Physiologisch sollte der Akteur ruhig, gelassen sein, positive Ausstrahlung besitzen. Motorisch ist es notwendig, in der Situation zu bleiben, eine optimistische Gestik und Stimmlage zu vermitteln. Gelingt dies, baut sich der Angestellte gleichzeitig auch den Stellenwert eines kritischen, innovativen Mitarbeiters auf. Man gilt als offener Ansprechpartner, der nicht leicht beleidigt oder emotional reagiert und auch bei Kritik aufgrund vorhandener Vertrauensbasis sachlich bleibt und die Dinge beim Namen nennt. Die Vorgehensweise soll der Angestellte sowohl mental als auch in Form von Rollenspielen üben, bevor die Situation in der Realität stattfindet. Anregungen und Anleitungen können von Vorbildern oder Routiniers gewonnen werden: Wie würden sich diese in genau derselben anstehenden Situation verhalten?

Entscheidend bei den Umbewertungen von Situationen ist, daß die Problemsituation nicht nur aus einem anderen, neuen Licht betrachtet wird, sondern daß es auch zu einer *neuen Einsicht* kommt. Die Gedanken müssen eine neue Erkenntnis bringen und sich auf einer Ebene manifestieren, die über der aktuellen steht. Keine Umbewertung ohne neue Einsicht! Wenn man so will, ist es Reinigung, Läuterung, Katharsis.

Wenn ein gestreßter Manager Aggressionen aufbaut, weil er überbelastet ist, weil er unter schlechten Arbeitsbedingungen leidet, dann wäre der normale Abbau seiner Aggressionen jener, gegen einen Boxsack oder Punching-Ball zu schlagen und sich einfach abzureagieren. Seine Einstellung und seine Probleme werden dadurch aber nicht gelöst, sondern lediglich auf den nächsten Tag verschoben.

Jene Handlung, die Aggressionen abbauen soll, geht über eine gedankliche Umbewertung. Der Manager muß zur Einsicht gelangen, sich auf eine neue gedankliche Ebene begeben, auf der in der Folge neue Gefühle entstehen. Es kommt zur Katharsis und optimalen Zustandseinregulierung.

Das Rollenspiel als Trainingsmöglichkeit

☞ *Übung zum Rollenspiel*

Setzen Sie sich mit einem Bekannten oder Freund als Ihrem
»Trainer« zusammen, und simulieren Sie die in nächster Zeit
anstehende Situation, das Gespräch mit Ihrem Vorgesetzten.
Dieses Training geschieht in drei Schritten.
- Bringen Sie Ihr Anliegen vor. Der Partner geht auf Ihre
  Vorstellung wohlwollend ein.
- Bringen Sie Ihr Anliegen vor. Der Partner braucht lange,
  um überzeugt zu werden.
- Bringen Sie Ihr Anliegen vor. Der Partner reagiert abwei-
  send und beginnt, Sie zu demütigen. Bleiben Sie sachlich,
  lassen Sie sich nicht provozieren, und argumentieren Sie,
  bis Sie ihn schließlich überzeugt haben. Achten Sie auf
  positive Ausstrahlung, angenehme Stimme, Gestik und
  Mimik.

Sie können diese Sequenzen auf Video aufnehmen und anschließend gemeinsam mit Ihrem »Trainer« analysieren. Be-
sprechen Sie auch, wie es Ihnen auf den drei Ebenen (gedanklich, körperlich, motorisch) ergangen ist. Wenn kein
Partner zur Verfügung steht, so stellen Sie sich Ihren Chef
auf dem Sessel Ihnen gegenüber sitzend vor, und simulieren
Sie die oben aufgezählten drei Schritte, indem Sie auch die
Argumente Ihres Vorgesetzten finden. Sie wechseln dabei
die Rollen und ändern die Sitzpositionen.

11 So funktioniert eine Trainer-Sportler-Beziehung

Wie oft hört man in Training und Wettkampf, wie Betreuer oder Trainer ihren Schützlingen zurufen: »weiter, weiter!«, oder: »neiiiin, so doch nicht!«, oder auch: »ja was denkst du dir bei solchen Aktionen überhaupt?« Sätze, mit denen der Sportler nicht viel anfangen kann, Sätze, in denen klare Anweisungen und Verbesserungsvorschläge fehlen. Ähnliche Beispiele lassen sich auch in anderen Lebensbereichen finden. Es macht wenig Sinn, wenn ein Berufskollege dem Vortragenden nach dessen Ausführungen sagt: »Na ja, dieses Thema wäre ich von einer anderen Warte aus angegangen« – ohne dann zu sagen, von welcher.

Eine funktionierende Beziehung, die frucht- und ertragreich ist, beruht auf guter Kommunikation und einer Dialogbereitschaft von beiden Seiten. Befragungen unter Spitzensportlern in diversen olympischen Sportarten zum Thema »Gesprächsführung« weisen darauf hin, daß Kommunikationsprobleme mit den Trainern immer wieder vorkommen (vgl. Frester u. Wörz 1997). Über 80 Prozent der befragten Sportler kritisierten dabei den einseitigen Informationsfluß. 82 Prozent der Informationen, wie Korrekturen und Verhaltensanweisungen, würden von den Betreuern in überaus autoritärer Art und Weise an sie weitergegeben. Demgegenüber stehen 18 Prozent Rückinformationen vom Sportler an den Trainer über Befindlichkeiten, Sorgen, Ängste, Verhaltenswünsche. Dieses Ungleichgewicht in der Kommunikation wird vom Athleten als unbefriedigend und belastend erlebt; daher fordern sie mehr Mitspracherecht. Der Trainer korrigiert den Sportler aufgrund seiner optischen Kontrollmöglichkeiten. Der Athlet seinerseits reguliert sein Verhalten überwiegend aus Informationen, die aus der Gefühlsebene stammen. Er ist deshalb aktiv in den Korrekturprozeß einzubeziehen. Die Qualität eines guten Trainers zeichnet sich dadurch aus, die gefühlsorientierten Informationen des Sportlers in seinen Anweisungen zu berücksichtigen.

Geschätzt wird bei den Athleten, wenn der Trainer Ruhe, Zuversicht, Optimismus ausstrahlt, Hektik vermeidet und eine gelöste Atmosphäre schafft. Diese Eigenschaften sind zumindest gleich wichtig wie seine Fachkompetenz, wenn nicht sogar wichtiger. Der Trainer sollte wenig, aber im Detail genau informieren, Stärken gezielt hervorheben, sachlich bleiben und Lösungen anbieten. Kritik allein bringt den Sportler nicht weiter. Leistungsdruck muß genommen werden; dies geschieht, indem Lockerheit im Training vorherrscht und Fehlerdiskussionen weitgehend vermieden werden. Der Trainer ist nicht nur Vermittler technischer Abläufe, sondern auch als Motivationskünstler gefordert. Dies kann er nur dann sein, wenn er seine Sportler gut kennt und auch mit den Streßsituationen im Wettkampf vertraut ist (vgl. Kap. 2 zur Motivation).

Verbal geäußerte Korrekturen sollten vom Sportler in eine für ihn geeignete *Metapher* übersetzt werden (vgl. Kap. 7). Kritisiert der Trainer beispielsweise eine zu geringe Vorspannung beim Start des Sprinters, dann könnte die Metapher dazu lauten: Stell dir vor, du bist eine elastische Feder, die fest zusammengedrückt ist und darauf wartet, explosiv vorzuschnellen – just in diesem Moment, wenn der Start-schuß die Halterung löst und den Widerstand wegnimmt.

Die Vorstellung von Metaphern eröffnet für die gesamte Empfindungswahrnehmung des Menschen einen günstigen Zugang. Nicht nur das analytische Denken und die linke Gehirnhälfte für sachlich-wissenschaftliche Anweisungen sollen angesprochen werden, sondern auch die Empfindung, Kreativität und das Gefühl der rechten Gehirnhälfte. Optimal für eine Trainer-Athleten-Beziehung ist daher die gemeinsame Erarbeitung von Metaphern sowie eines *Zeicheninventars.*

Denn bei Wettkämpfen steht der Trainer meist zu weit weg für eine Konversation. Er kann brüllen, um seinen Sitznachbarn zu stören und nach fünf Minuten heiser zu sein. Oder er kann sich mit seinen Fingern verständlich machen. Zeicheninventar bedeutet, daß der Trainer Veränderungsmaßnahmen oder -wünsche mit gestischen Ausdrucksformeln vermittelt. Daumen nach oben kann bedeuten: Schwerpunkt nach oben verlagern. Auf diese Art und Weise kann Mißverständnissen zuvorgekommen werden. Zeichen absprechen verhindert Fehlinterpretationen. Der nach unten gerichtete Daumen kann beispielsweise bedeuten, daß der Schwerpunkt nach unten verlagert werden soll. In dieser Bedeutung ist er überhaupt nicht negativ zu verstehen. Negative Gedanken, Grübelkreisläufe bleiben aus. Sinnvoll ist allerdings, diese Zeichensprache bereits im vorhergehenden, wettkampfnahen Training zu üben, indem der Betreuer ungefähr jene Position einnehmen soll, die er dann auch beim Wettkampf innehaben wird.

Der Athlet soll für sein Selbstmanagement gemeinsame Zeichen beim Trainer fordern und auch andere Vorschläge zur Zusammenarbeit bringen. Die Zeiten des autoritären Trainers und des kleinen, ewig jasagenden Sportlers sind vorbei. Der Appell an den Athleten lautet, Rückmeldungen in der Trainer-Sportler-Beziehung aktiv einzufordern. Er muß die mit seinen Handlungen verbundenen Gefühle zum Ausdruck bringen, um die Zusammenarbeit mit dem Trainer um eine weitere Dimension, jene der Gefühle, zu vergrö-ßern.

12 Der Tag, auf den es ankommt

Jeder Sportler, jeder Manager, sollte ein mentales Programm für den entscheidenden Tag bei sich haben, das er jederzeit abrufen kann. Darunter sind bestimmte Verhaltensschemata, Verhaltensrituale zu verstehen, die Schritt für Schritt minuziös durchzuführen sind. Dem Sportler, dem Manager, muß klar sein, daß es an manchen Tagen schwieriger ist als an anderen, dieses Programm abzurufen: aufgrund unangenehmer Gefühle, Unsicherheit, unruhiger Nacht, unerwarteten äußeren Bedingungen, negativer Bewertungen. Schlechte Tagesverfassung ist aber kein Grund, um einen Wettkampf, eine Verhandlungsrunde, innerlich abzuschreiben. Im Gegenteil! Gerade in diesen Situationen können gut trainierte Programme greifen und den Akteur in den optimalen Leistungszustand hineinmanövrieren. Sich gehenzulassen ist kurzfristig leicht. Ein Programm abzurufen und sich aufzubauen kann weh tun. Folgendes Beispiel eines Leichtathleten soll die Umsetzung eines Verhaltensprogramms verdeutlichen.

Hochspringer A. tritt heute zu jenem Wettkampf an, den er als seinen persönlichen Saisonhöhepunkt deklariert hat. Er hat eine unruhige Nacht hinter sich gebracht. In seinem Hotelzimmer war es sehr warm, das Bett war ungewohnt,

Insekten, aber auch Gedanken an die Konkurrenten störten seinen Schlaf. Der Wecker läutet um sechs Uhr, vier Stunden vor Wettkampfbeginn. A. fühlt sich wie erschlagen, möchte am liebsten nur im Bett liegenbleiben und sich verkriechen.

Die Gedanken, die ihm durch den Kopf gehen, fördern nicht sein positives Denken: Ausgerechnet heute habe ich so schlecht geschlafen. Heute ist alles gegen mich. Warum geht es mir so schlecht an diesem wichtigen Tag? Ein Blick zum Fenster verstärkt diesen negativen Grübelkreislauf: Es regnet, und es geht ein kühler Wind. Hochspringer A. denkt weiter: Der Wind wird meine Anlaufgestaltung ständig stören. Nach jedem Sprung muß ich durchnäßt von der Matte klettern. Bei Regen bin ich noch nie gut gesprungen. Ich könnte ausrutschen und mich an den Hochsprungständern verletzen.

Hochspringer A. schreibt den Wettkampf innerlich ab, am liebsten möchte er schon wieder zu Hause sein. Auf der Spannungsebene fühlt sich A. schwer und träge. Die negativen Gedanken erhöhen zwar kurzfristig die Herzfrequenz, der Muskeltonus bleibt jedoch niedrig, es fehlt an der notwendigen Muskelspannung. Auf der Verhaltensebene zieht sich der Sportler unter die Decke zurück, kauert sich zusammen, will sich klein und unsichtbar machen. Selbst wenn A. in dieser Situation noch zum Wettkampf antritt, wird er innerlich immer hoffen, daß er möglichst schnell vorbei ist. Ein negatives Ergebnis ist auf alle Fälle programmiert.

Um doch noch Erfolg zu haben, gilt es, diesen negativen Kreislauf der Gefühle und Gedanken zu unterbrechen. Jetzt muß das Selbstmanagement-Programm für eine solch schwierige Situation abgerufen werden. Je früher dieser Grübelkreislauf unterbrochen wird, desto schneller kann sich A. in seinen optimalen Zustand hineinversetzen. Er muß sich sagen: Ich habe etwas, was die anderen nicht haben. Das macht mich stark und einzigartig.

Die erste anzuwendende Technik ist der Gedankenstop: A. ballt beim ersten negativen Gedanken die Faust, stellt sich ein rotes Stop-Verkehrsschild vor und sagt laut: STOP! Ich lasse mich doch nicht gehen, nicht auf diese unkontrollierte Art und Weise! Das wäre doch noch schöner! STOP!

Der nächste Schritt erfolgt auf der Verhaltensebene: Er streckt sich kurz im Bett, führt zwei, drei schnelle Armbewegungen nach oben aus, steht auf und macht das Fenster auf. Dann findet Sportler A. positive Argumente, warum Regen wichtig ist: Regen ist Leben, Regen erfrischt, erquickt, Regen gibt ihm die Chance, eine Herausforderung anzunehmen, die Bedingungen als Freund zu gewinnen.

Tief durchatmend, legt A. auf dem CD-Player seine Lieblingsmusik ein, pfeift oder singt sie. Er bewegt sich rhythmisch im Takt, und während dieser Bewegung imitiert er rhythmisch auch die Wettkampfbewegung, zum Beispiel den Absprung. Anschließend führt er schnelle Skippings im Stand aus, trommelt mit den Händen auf den Tisch.

Weiter geht's ins Badezimmer. A. wäscht sich das Gesicht kalt, duscht dann bei 20–25° C. Anschließend stellt er sich vor den Spiegel und beginnt mit dem Lachtraining. Er zieht die Mundwinkel nach oben, hält sie 30 Sekunden gespannt an. Dann spricht er mit geöffnetem Mund die Vokale: AAAAAA, OOOOOO, UUUUUU.

Nachdem er von außen nach innen seinen Geist erhellt hat, begibt sich A. ins Freie, trabt ein bißchen, imitiert erneut die Wettkampfbewegungen. Er atmet bewußt, aktiviert seinen Körper durch Skippings. Insgesamt wendet er dabei nicht mehr als 20 Minuten auf: zehn Minuten für das Traben, dann kurze Gymnastik, zwei, drei Steigerungsläufe.

Nach dem Frühstück von 7 bis 7.30 Uhr ist es überaus wichtig, daß der Hochspringer A. vor der Abfahrt zum Stadion sich für 30 Minuten mit Konstruktivem beschäftigt, nicht sinnlos diese halbe Stunde in der Hotelhalle wartend verbringt und wieder in negative Gedanken verfällt. Er setzt sich auf den Sessel oder das Sofa in seinem Zimmer, versucht, sich kurz zu sammeln und Energie zu gewinnen. Er schließt die Augen und stellt sich sein Ruhebild vor. Anschließend visualisiert er die drei, vier für ihn entscheidenden Bewegungsmerkmale wie beispielsweise: hohes Becken beim Anlauf, aktives Aufsetzen des Sprungbeins, Schwungelemente nach oben führen. Auch gefühlsmäßig soll sich Sportler A. diese Merkmale vorstellen und in der Vorstellung rhythmisieren. Bei dieser Visualisierung sieht A. seine Zielhöhe klar vor sich, und er stellt sich vor, wie er diese dreimal fehlerfrei überspringt. Anschließend kehrt der Sportler ins Ruhebild zurück, spürt, wie sein gesamter Körper wie ein Akku mit Energie aufgeladen wird, und spürt, wie dadurch die Motivation für den Wettkampf mehr und mehr zunimmt.

Mit zwei, drei schnellen Bewegungen »erwacht« A. wieder, führt noch zwei, drei Absprungimitationen aus und fühlt sich bereit für den bevorstehenden Wettkampf, denn nun sind die entscheidenden Elemente der Bewegung verinnerlicht.

Um 8.45 Uhr trifft A. am Wettkampfort ein. 15 bis 20 Minuten unterhält er sich dort mit Trainer und Freunden, plaudert in lockerer Umgebung und beginnt auf diese Art und Weise, langsam die Atmosphäre des Wettkampfs zu genießen. Eine Stunde vor Konkurrenzbeginn (bei internationalen Wettbewerben muß er die Stellplatzzeiten, also die Anmeldezeiten, miteinbeziehen!) startet Hochspringer A. mit dem Aufwärmen, dann beginnt er mit dem Einspringen. Aufgrund der großen Teilnehmerzahl steht ihm nur eine begrenzte Anzahl von Probesprüngen zu. Diese Situation ist nicht neu für ihn, sie wurde auch im Training schon öfters simuliert, als er mit wenigen Sprüngen und größeren Unterbrechungen ein wettkampfnahes Training durchführte. Um die Anzahl der Probesprünge beim Wettbewerb erhöhen zu können, ist es um so wichtiger, bei jedem Versuch in einem »Preplay« den Sprung mental auszuführen, anschließend tatsächlich zu springen, dann in einem »Replay«»die Aktion nochmals fehlerfrei mit persönlichen Korrekturen mental nachzuvollziehen. Somit ist es für A. möglich, bei drei Probesprüngen die für den Hochsprung entscheidenden Gehirnareale neunmal zu aktivieren und zu stimulieren. Und dies müßte schon mehr als ausreichend sein, um gut vorbereitet in den Wettkampf gehen zu können.

A. gewinnt auf diese Art Freude an seiner Tätigkeit. Er weiß, daß er gut vorbereitet ist, strotzt vor Energie, fühlt sich in jeder Phase des Meetings wohl: beim Aufwärmen, beim Einspringen, sicher auch später im Wettkampf selbst. Er genießt es nun, hier und jetzt antreten, sein Können unter Beweis stellen zu dürfen.

Das Ziel dieser mentalen Wettkampfvorbereitung ist, die Gedanken als handlungsunterstützend einzusetzen; somit lernt der Sportler sein optimales Spannungsniveau zu regulieren: Bei Müdigkeit muß er wissen, wie er sich aktiviert, bei Nervosität, wie er sich beruhigt. Das Aufwärm-, Pausen- und Wettkampfverhalten unterliegt einem bestimmten Grundschema; bedacht werden muß jedoch, daß bei schlechter Tagesverfassung eine größere Zeitspanne notwendig ist, um den optimalen Leistungszustand einregeln zu können.

Hochspringer A. hat seinen Wettkampf übrigens gewonnen. Und wann sind Sie erfolgreich?

Literatur

Bernstein, D. A.; Borkovec, T. D. (1975): Entspannungstraining. Handbuch der progressiven Muskelentspannung. München.

Birkenbihl, V. F. (1997): Erfolgstraining. Schaffen Sie sich Ihre Wirklichkeit selbst. Landsberg am Lech.

Eberspächer, H. (1990): Mentale Trainingsformen in der Praxis. Oberhaching.

Fliegel, S.; Groeger, W. M.; Künzel, R.; Schulte, D.; Sorgatz, H. (1989): Verhaltenstherapeutische Standardmethoden. Ein Übungsbuch. München.

Frester, R. (1999): Mentale Fitness für junge Sportler. Leistungsvoraussetzungen und Entwicklungsförderung. Göttingen.

Frester, R., Wörz, Th. (1997): Mentale Wettkampfvorbereitung. Ein Handbuch für Trainer, Übungsleiter, Sportlehrer und Sportler. Göttingen.

Nideffer, R. M. (1976): The inner athlete. Mind plus muscle for winning. New York.

Reinecker, H. (1987): Grundlagen der Verhaltenstherapie. München/Weinheim.

Schubert, F. (1981): Psychologie zwischen Start und Ziel. Berlin.

Walen, S. R., Di Guiseppe, R., Wessler, R. L. (1982): RET-Training. Einführung in die Praxis der rational-emotiven Therapie. München.

Wilken, B. (1998): Methoden der kognitiven Umstrukturierung. Stuttgart.

Wörz, Th., Schleinitz, H. W. (Hg.) (1998): Nachwuchssportler im Spannungsfeld. Schulen für Leistungssportler im internationalen Vergleich. Lengerich.

Vorbereitung auf den Erfolg

Christoph Eichhorn
Souverän durch Self-Coaching
Ein Wegweiser nicht nur für Führungskräfte

2001. 191 Seiten mit 6 Abbildungen, kartoniert
ISBN 3-525-49004-6

Persönliche Weiterentwicklung im beruflichen Feld läßt sich realisieren, wenn der Weg Schritt für Schritt selbst erarbeitet wird. Dazu bietet dieses Manual die Grundlage. Der Leser legt seine Ziele individuell fest und kann unter den dargestellten Methoden diejenigen auswählen, die ihn am meisten ansprechen.
In einem ersten Schritt geht es darum, einen Zustand optimaler Lern- und Aufnahmebereitschaft zu erreichen, um darauf aufbauend Denkprozesse zu optimieren und Emotionen so zu gestalten, daß das vorhandene Potential an Kraft und Energie für Herausforderungen in Führungspositionen und im privaten Bereich voll genutzt werden kann.

Rolf Frester / Thomas Wörz
Mentale Wettkampfvorbereitung
Ein Handbuch für Trainer, Übungsleiter, Sportlehrer und Sportler

1997. 145 Seiten mit 44 Abbildungen und 9 Tabellen, kartoniert. ISBN 3-525-49000-3

Der Anteil der *Einstellung* am Sieg wird in allen Sportarten zunehmend erkannt. Das in den unterschiedlichen Disziplinen erfolgreich erprobte psychologische Programm wird in diesem Handbuch für den Breiten- wie den Spitzensport zugänglich gemacht. In praktischer, nachvollziehbarer Darstellung wird das System deutlich, das zum Erfolg führt.

V&R
Vandenhoeck & Ruprecht